100个 全脑开发
翻绳 游戏

张宇　李娜◎主编

U0676057

吉林出版集团
JiLin Publishing Group

吉林科学技术出版社
JiLin Science&Technology Publishing House

图书在版编目（CIP）数据

100个全脑开发翻绳游戏/张宇,李娜主编.—长春：吉林科学技术出版社,2011.10（2021.1重印）
ISBN 978-7-5384-5463-5

Ⅰ.①1… Ⅱ.①张…②李…Ⅲ.①翻绳－儿童读物
Ⅳ.①G899-49

中国版本图书馆CIP数据核字(2011)第182554号

100个全脑开发翻绳游戏

主　　编	张　宇　李　娜
编　　委	李　红　王嘉宇　朱红英　于　婷　李　靓　王　屹
	王甜甜　刘忠华　赵昕熠　宁革明　丁　云　何丽双
	翟兵兵　王　岩　王梓伊
出 版 人	张瑛琳
选题策划	李　梁
责任编辑	高小禹　于　畅
插图设计	徐葳娜　贺　娜　李　莹
封面设计	长春茗尊平面设计有限公司
制　　版	长春茗尊平面设计有限公司
开　　本	780mm×1460mm　1/24
字　　数	200千字
印　　张	8
版　　次	2011年10月第1版
印　　次	2021年1月第3次印刷

出　　版	吉林出版集团
	吉林科学技术出版社
发　　行	吉林科学技术出版社
地　　址	长春市人民大街4646号
邮　　编	130021
发行部电话/传真	0431-85635177　85651759　85651628
	85677817　85600611　85670016
储运部电话	0431-84612872
编辑部电话	0431-85642539
网　　址	http://www.jlstp.com
印　　刷	北京一鑫印务有限责任公司

书　　号	ISBN 978-7-5384-5463-5
定　　价	38.00元

如有印装质量问题　可寄出版社调换

前 言

如果你想有足够的创造性，或者还有丰富的想象力，那么就选择玩翻绳游戏吧！看似简单的翻绳游戏，一方面需要大脑思考和记忆，另一方面还要需左右手的配合，手、眼、脑一同动起来，通过精细动作的锻炼，手指灵活地进行撑、钩、挑、翻、取、放等动作，才能确保顺利的变化，翻出各种生动有趣、变化无穷的图案。在翻绳游戏中，可以一个人玩儿，也可以两个人或多人一起玩儿，相互交流斗智，乐趣盎然。

俗话说："智慧在手指尖上。"一根绳子，老少皆宜，练手又练心，有趣又益智，那么你还等什么呢？

绳的连接

翻绳游戏用的工具很简单，虽然只是一条1米多长的绳子，但是可不要小看它，它翻起来是千变万化的。

翻绳用的绳子要用那些没有线绒的绳子，比如说毛线、布条就不行。因为毛线的线绒用的时间久了，上边的绒就会绞在一起，无法再用于翻绳儿了。而布条同样也是用时间长了，上边线丝会脱落并绞在一起。因此最好是用线绳或锦纶绳，它具有轻、圆、滑的三大特点是玩翻绳的最好用具。（本书附赠锦纶绳一条）

绳的连接方法

1 用火机烧绳子的一端直至绳端融化。

2 然后将绳的另一端与燃烧点接到一起。

3 连接成功，制成了绳圈。

🐻 绳的打结方法——"渔人结"。

1 将绳子的末端打一个单结，尾端要留下充分的长度，另一端顺着结形逆向穿过。

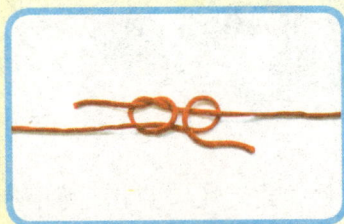

2 将逆向穿过的一端，也同样打上一个结。

3 将两条绳端用力向两边拉紧即可成结。

🐌 中指基本手势的步骤

1 把绳分别挂在双手的拇指和小指上。

2 用右手的中指挑起左手手掌上的绳。

3 用左手的中指挑起右手手掌上的绳。

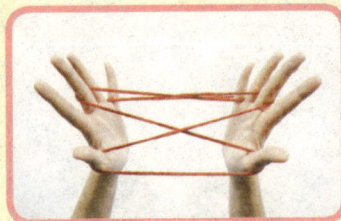

4 双手将绳抻直，中指的基本步骤就完成了。

4

示指基本手势的步骤

1 把绳分别挂在双手的拇指和小指上。

2 用右手的示指挑起左手手掌上的绳。

3 挑后的样子。

4 用左手的示指挑起右手手掌上的绳。

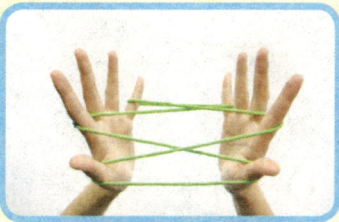

5 双手将绳绷直，基本步骤就完成了。

翻绳模特自禹芳

翻绳符号的意义

● 代表钩挑的绳子　　○ 代表另一条钩挑的绳子　　→ 按箭头方向操作

☆ 代表松开的绳子　　★ 代表另一条松开的绳子

△ 手从下至上插入　　▽ 手从上至下插入

5

挑·钩的动作

😊挑

1 将示指指尖从绳子下面插入。

2 用手指指尖背部将绳子挑起来。

😊钩：

1 将示指指肚从上至下插入绳子下面。

2 用手指的指肚将绳子钩过来。

目录

第一章 幼稚萌芽篇

第二章 校园进阶篇

第四章 双人易趣篇

第三章 挑战难关篇

第五章 魔术耍酷篇

第一章
幼稚
萌芽篇

雪橇

想拥有一个属于自己的雪橇吗？那就让我们一起动手做一个属于自己的雪橇吧！

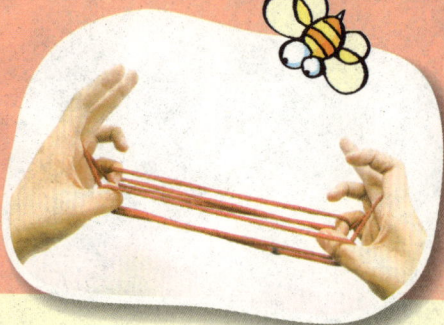

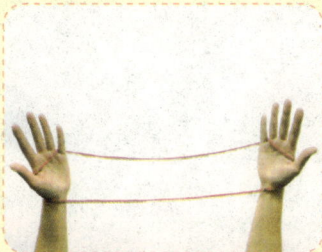

1 首先，双手手掌相对，将绳子分别挂在拇指和小指上面。

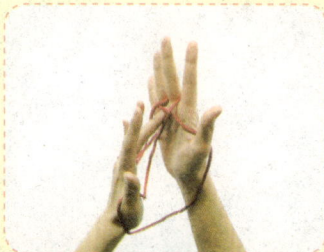

4 同样的方法，再用左手的中指取右手掌上的绳，很好，你很聪明呀!

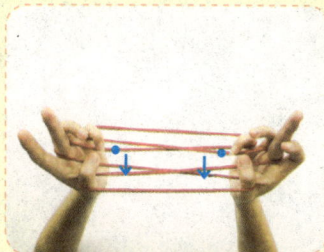

7 再用小指压住●绳，然后，将拇指和小指按照→所指的方向同时下压。

2 再用右手中指取左手掌上的绳。

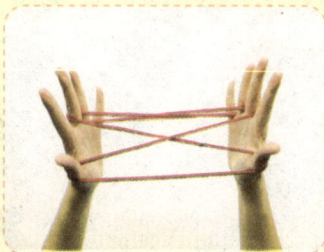

5 看，成了两个十字交叉。

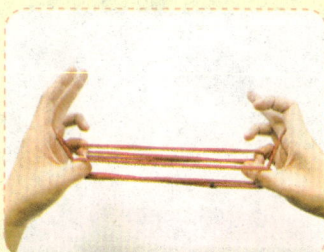

8 "雪橇"完成了，坐上它出发吧!

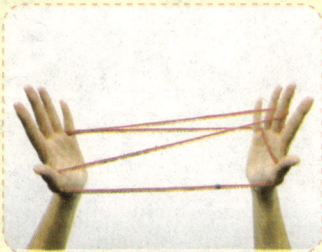

3 对照一下取后的样子。

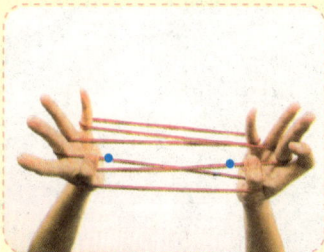

6 接下来，用拇指压住●绳。

完成

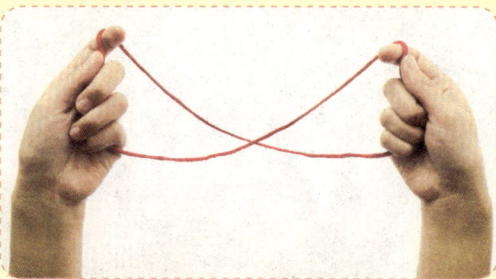

1 用两只手将绳子交叉放入手中。

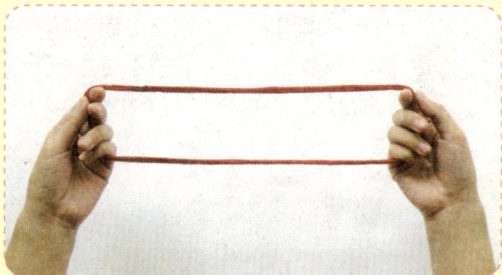

2 再将交叉后的绳子合成一个圆圈。

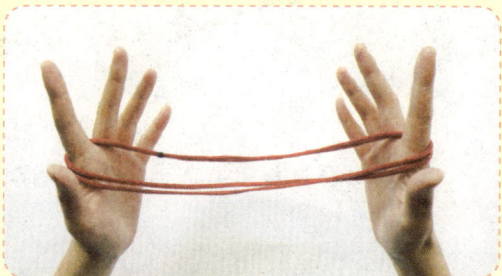

3 接下来将双层绳合成的圆圈，分别套在示指上。

4 然后用小指将●绳挑起。

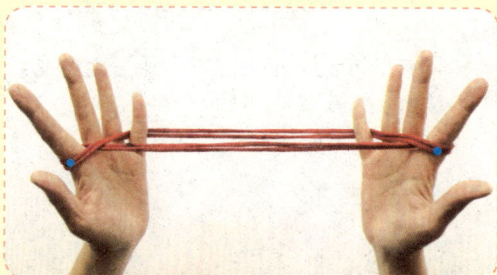

5 挑后的样子此时注意●绳。

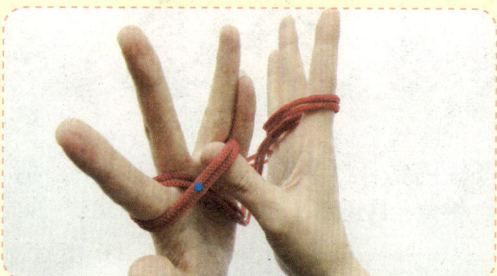

6 用右手拇指挑左手示指上●绳。

难易度

★☆☆☆

人数:1人

趣味性

★☆☆☆

小星星

小星星一闪一闪亮晶晶，抓一颗星星放在手中，许个愿，让梦想成真吧！

11

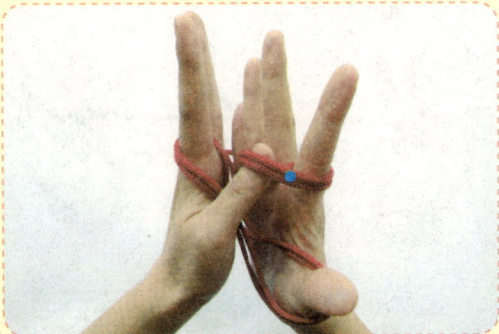

7 同样的方法，左手挑右手示指上●绳。

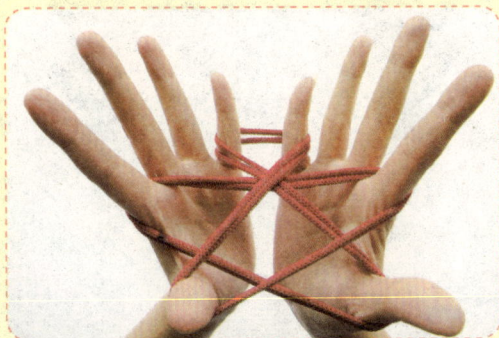

8 挑完后将手指分开，整理一下。别急，这还不是五角星。

9 接下来将小指上的绳子松开。

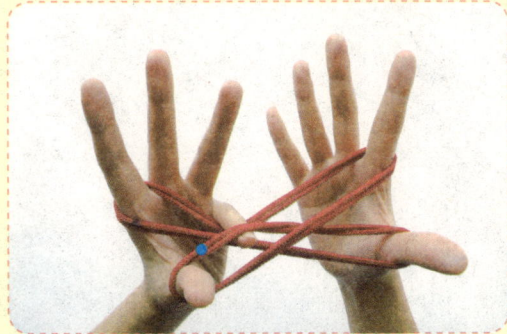

10 松开后再用左手小指从下面挑钩拇指内侧●绳。挑绳子的手可根据自己的习惯，也可以用右手小指。

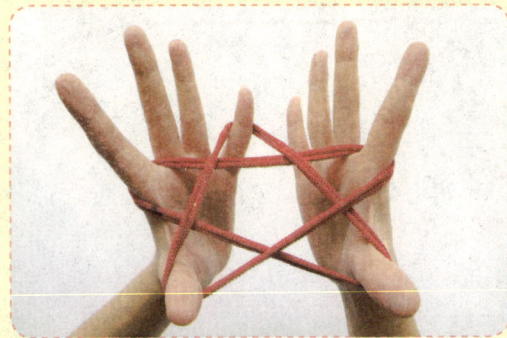

11 就这样，五角星就完成了，许个愿吧！

完成

知道吗？五角星在魔法中是一种非常特别的图形，采用正的五角星作魔法阵是白魔法，用倒的五角星则是象征黑魔法。

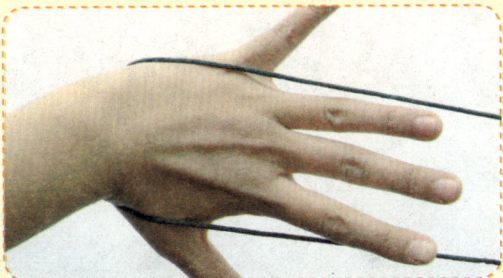

1 首先，我们将手掌面向下方，将绳子分别挂在两只手的拇指和小指上面。

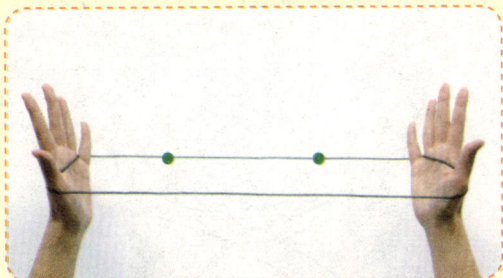

2 两只手的大拇指和小指要挂住绳子哦！慢慢抬起，使两手掌心相对。注意●绳的位置。

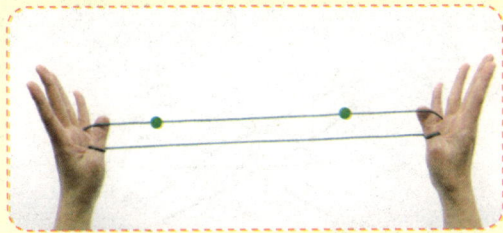

3 用大拇指从●绳的下面穿过，然后将其取过来。

4 这是完成后的样子哦！

5 该小指出动啰！钩取●绳。

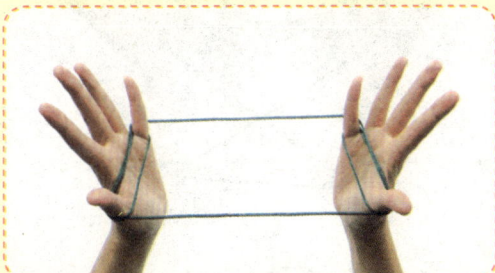

6 做得不错，这是完成此步的样子。

难易度

⭐☆☆☆

人数：1人

趣味性

⭐☆☆☆

奇怪的六角星

拥有六个角的大星星，看它是如何演变出来的吧！让我们拭目以待。

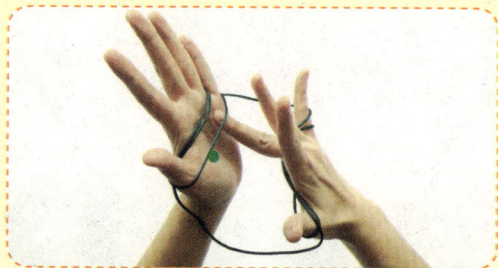

7 用右手的中指取左手的●绳，并向后抻直。

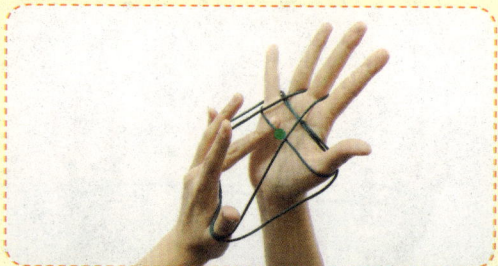

8 用左手的中指取右手的●绳。

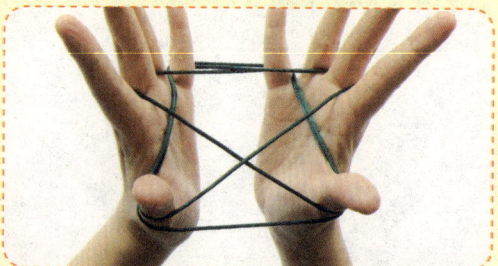

9 看，就是这个样子。

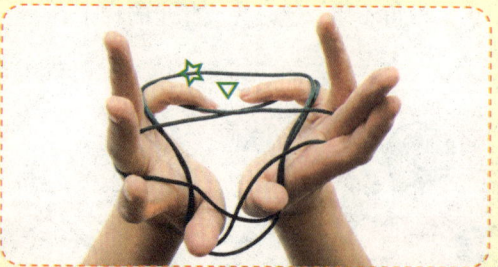

10 首先，将两只手的小指同时弯曲，放进▽里面，并让☆绳脱落。

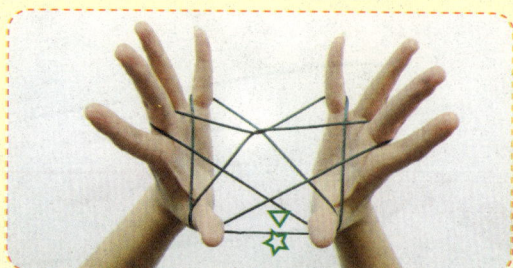

11 嗯，有点星星的样子了。将两只手的大拇指同时弯曲放进▽里面，让☆绳自然脱落。

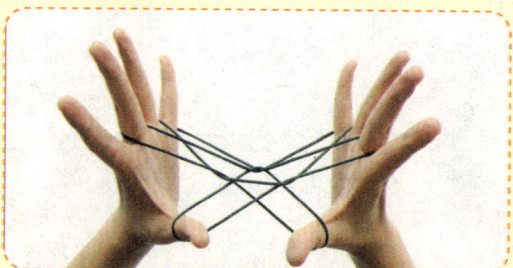

12 抻一抻，整理一下，瞧！这就是绳子脱落后的样子。

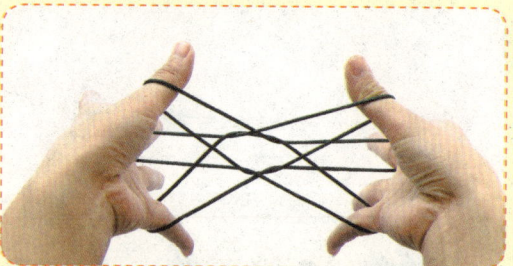

13 成功地完成了的"奇怪的六角星"，来个特写吧！

完成

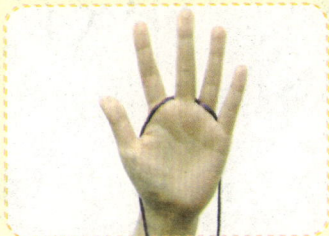

1 首先，我们需要将绳子挂在左手的拇指、中指以及小指上。

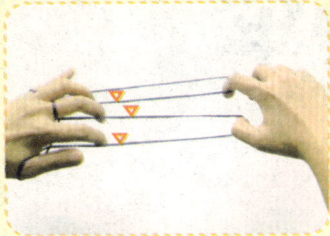

2 把右手从里侧伸进●绳内，之后用右手的拇指和示指将左手的●绳拉出来，抻直。

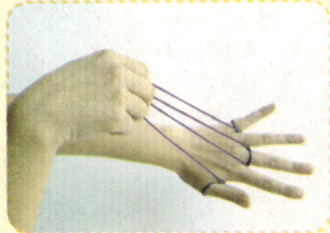

3 这是拉出来之后的样子，这与降落伞的做法是不同的哦！

4 现在要将左手的示指、中指、无名指弯曲放进▽里。

5 将右手的绳子从左手上方绕到左手背的后面，可以松开右手啦！

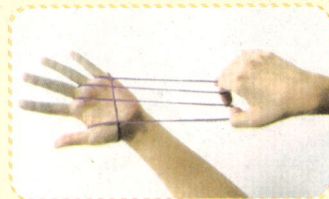

6 看看左手掌的样子吧！注意●绳的位置。

7 用右手的示指或与大拇指配合，钩住●绳向下拉。

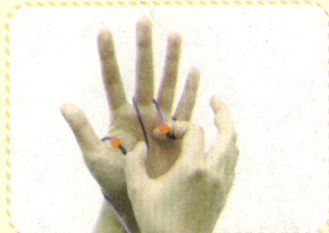

完成

好棒哦！这样就完成了"大蒲扇"。在炎热的夏季扇扇风，凉爽一下吧！

难易度 ★☆☆☆

人数：1人

趣味性 ★☆☆☆

大蒲扇

这个翻绳小游戏和降落伞的做法有些相像，它在日本又名为"松叶"。跃跃欲试的你尝试一下吧！

降落伞

年长的人现在应该还依稀记得的翻绳游戏，试着玩一下吧！很简单的哦！

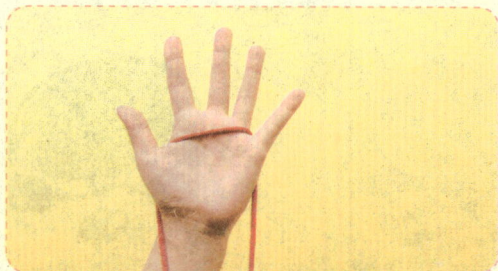

1 首先，我们将绳子挂在左手的拇指和小指的上面。

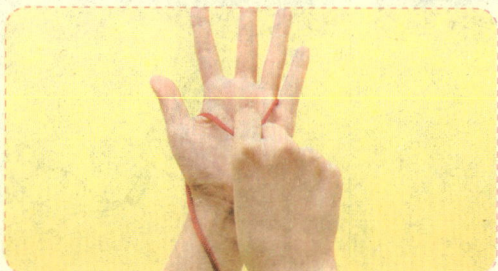

2 再用右手示指钩住左手手掌上的绳子，并向后拉。

3 这是完成之后的样子，用右手再一次钩住左手手掌的●绳向下拉出来。

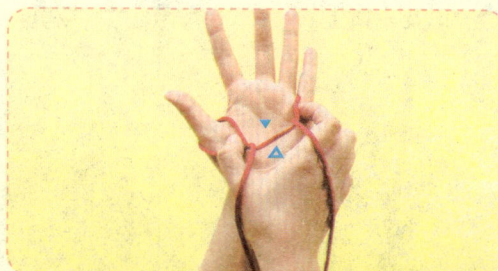

4 这是完成后的样子，这时，把右手放进△绳内，用右手的拇指和示指钩住两绳从▼绳处往下拉。

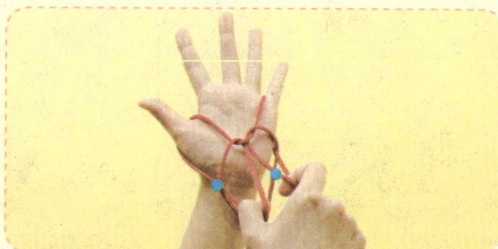

5 钩住●绳一同向下拉的过程。

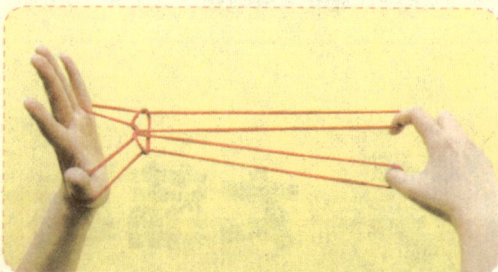

6 要慢慢地拉出来哦！

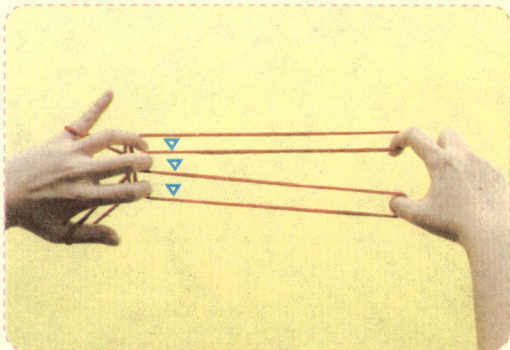

7 快看，这是拉出来之后的样子。现在要注意▽的地方哦！将左手的示指、中指和无名指放进▽绳里。

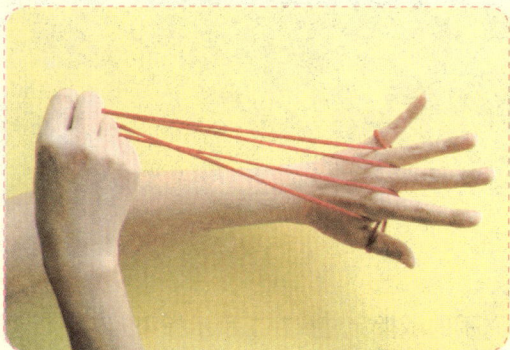

8 将右手的绳子从左手的上面绕到左手的手背后面。

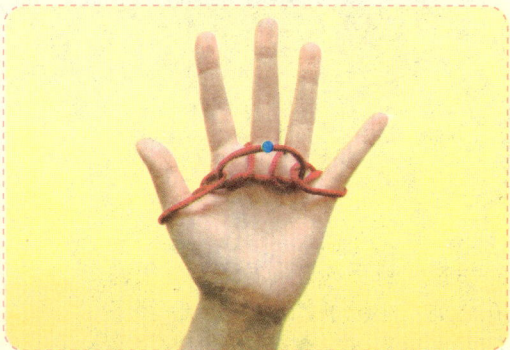

9 好了，让我们松开右手放松一下吧！此时注意●绳。

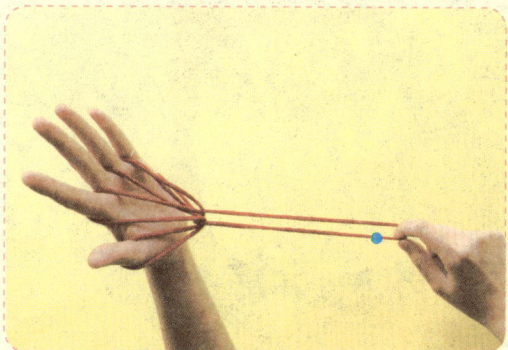

10 离目标还有一步之遥，加油！将左手竖起，手掌面向自己，用右手示指钩住●绳子，向后拉一下。

完成

大功告成！"降落伞"完成了，你做到了吗？仔细看看，它还像什么？……你猜对了，是大扫帚。

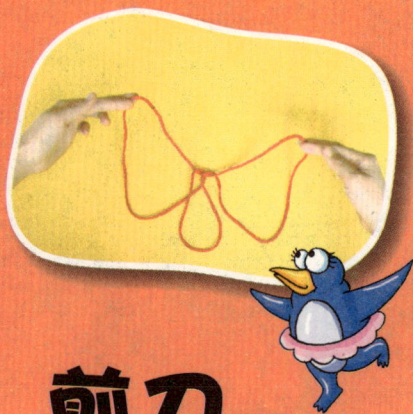

剪刀、蝴蝶

　　降落伞是大家常玩的翻绳游戏，用它还可以演变成其他的花样，来看看它像不像漫天飞舞的蝴蝶呢？

难易度
⭐☆☆☆

人数：1人

趣味性
⭐⭐☆☆

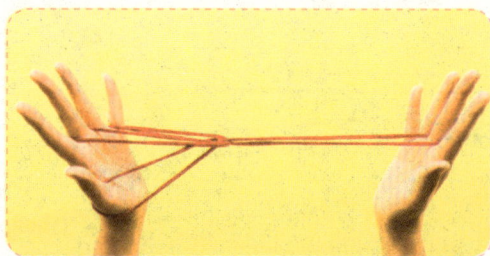

1 采用 17 页降落伞的结束手势动作，松开右手的绳子休息一下。

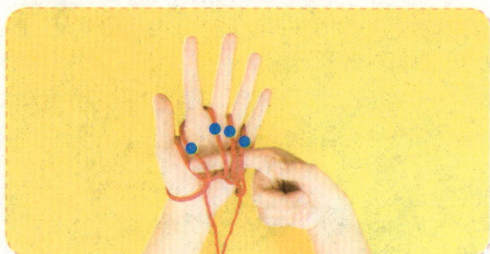

2 用右手的示指穿过挂在左手示指和无名指上的四根●绳。

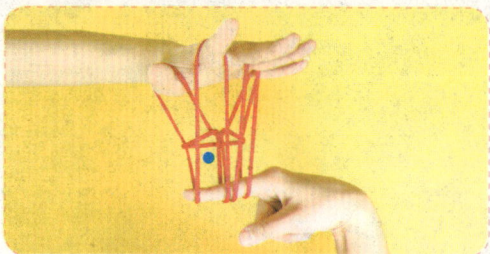

3 再将示指向自己的方向拉下，看很像种花用的"小耙子"吧！拉一下绳子中间的三角形下方●绳，就回到"降落伞"了。

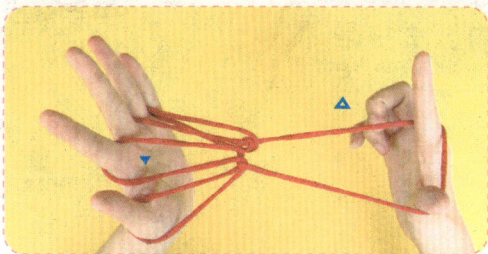

4 这时将右手拇指和示指插入△绳中，之后再分别插入▼中。

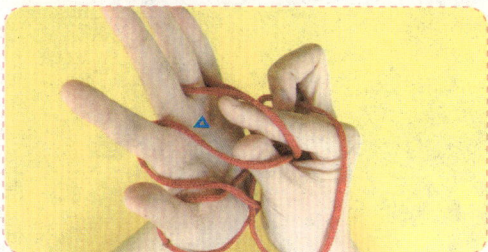

5 再将右手拇指和示指从△处伸出。

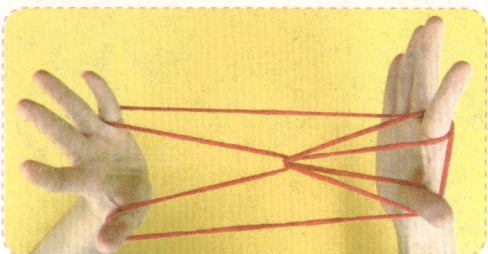

6 把绳子拉起，抽出左手的示指的无名指，将绳子抻直，一把剪刀完成。

完成

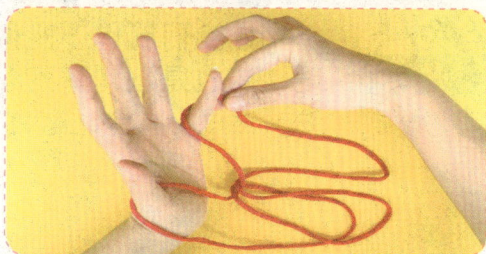

7 接下来，松开左手小指上的绳子。

8 用右手拇指和示指将松开的绳子捏住提起，一只蝴蝶就完成了。

完成

19

魔法扫帚

让我们制作一把巫婆的魔法扫帚吧！这也是制作降落伞比较神奇的方法，试试看，会让你大吃一惊。

1 首先，将绳子挂在双手的小指和拇指上。

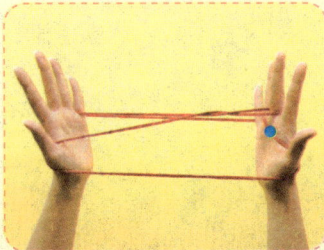

2 用右手的中指钩取左手掌心的绳子。

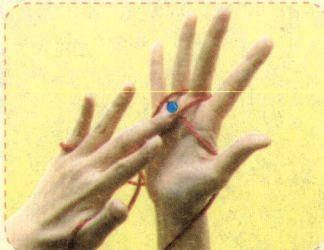

3 根据→的方向扭转右手的中指。

4 注意右手带有●绳的位置。

5 此时，用左手的中指去挑取右手手掌的●绳。

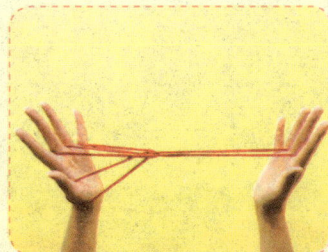

6 整理一下，但还没有完成，见证奇迹的时刻到了……

7 将两只手"啪"的一声合上，然后迅速地将右手的拇指和小指抽出，并快速地将两手分开。

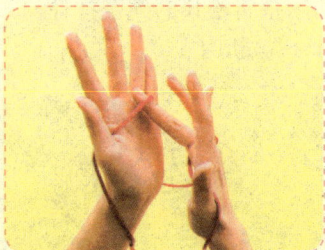

8 怎么样？神奇吧！像不像巫婆的魔法扫帚啊？

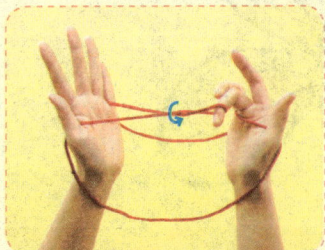

完成

1 首先，我们先将绳子挂在两只手的手腕上，之后将绳子沿→方向绕左右手腕各一圈。注意两只手被绕的方向是不同的。

2 绕弯之后就是这个样子啰！注意●绳的位置。

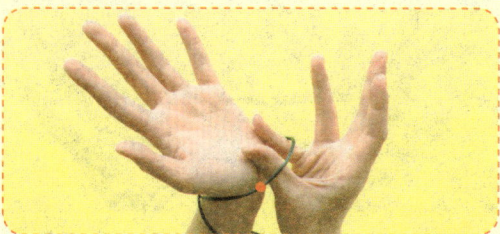

3 之后，用右手的拇指和小指，伸进左手手腕上的●绳里，并钩取过来，抻直。

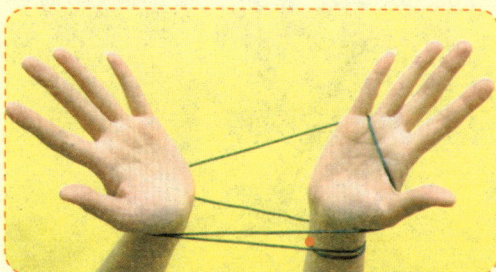

4 同样将右手手腕上●绳也的取下来。

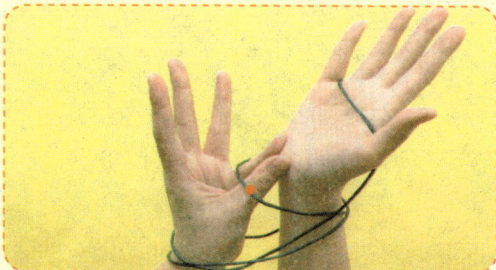

5 取●绳的过程。

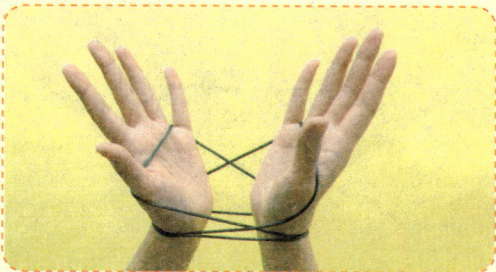

6 这是取完后的形状。

织布机

想必大家都知道七夕牛郎会织女的神话爱情典故吧？织女就是用织布机为牛郎日夜赶织布匹。这个游戏到最后是可以进行有趣变化的哦！

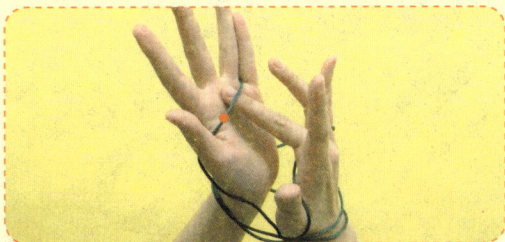

7 接下来，用右手中指取●绳。

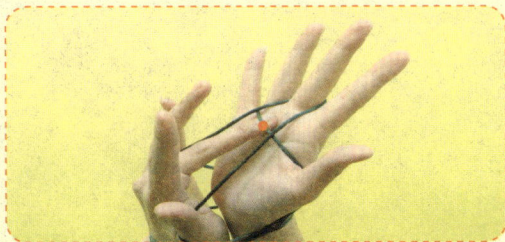

8 用左手中指取●绳。

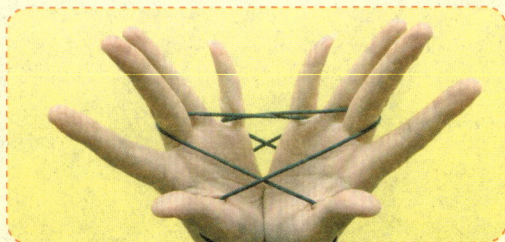

9 抻直整理一下，这是从上向下看的样子。

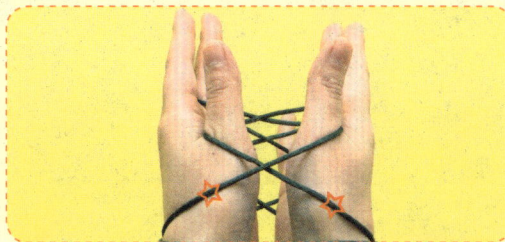

10 此时要夹紧双手手指上所有的绳子，将指尖指向对面方向。准备松开☆绳。

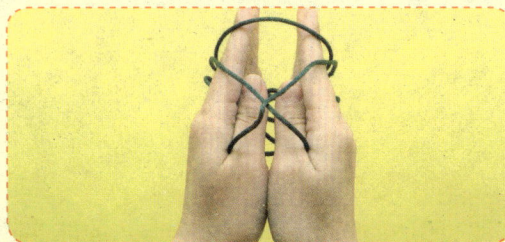

11 将手腕上所有的绳子全部脱下来会有点困难，我们可以用自己的嘴巴或请其他人来辅助一下。

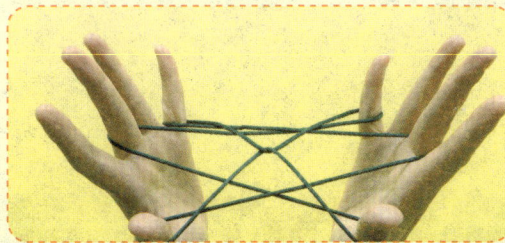

12 功夫不负有心人，将手指打开整理一下吧！"织布机"完成了。

教你玩 JIAONIWAN

"哐啷"

"吧嗒"

将两只大拇指远离，小指接近。

相反方向移动拇指和小指，怎么样？织布机上下移动了吧！

完成

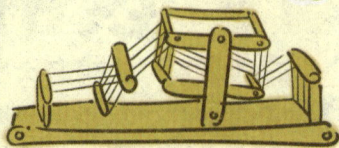

1 让我们从示指的基本手势步骤开始吧！

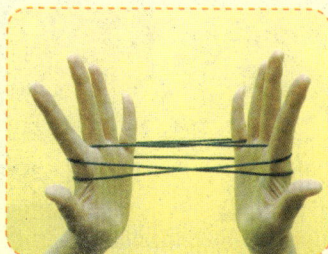

4 整理一下，这是松开后的形状。

7 现在还不是小木屋的形状哦！

2 将除了拇指以外的其他手指顺→方向一同放入▽里面且握紧，这是握紧后的状态。要注意☆的位置。

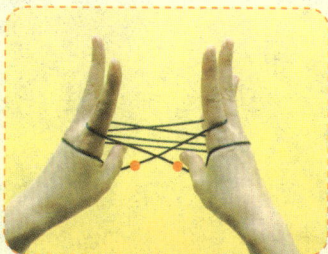

5 用拇指压住●绳，将手掌指向对面。

8 我们继续用右手将左手手背后的☆绳拿起来从上面绕出，松开。

3 接下来，将☆的绳子松开，让其脱落到拳头上方即可。

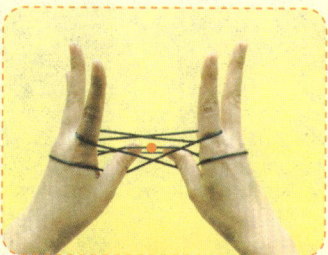

6 再用拇指将●绳其取过来。

9 这是松开后的状态。

难易度 ★★☆☆☆
人数：1人
趣味性 ★★★☆☆

小木屋、梳辫子的女孩

翻绳游戏的趣味性就是游戏过程中的变化能让人展开许多联想，不断地创造出有趣的形态。

23

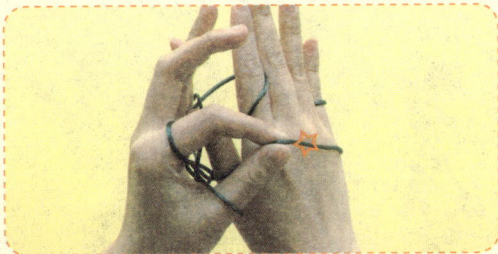

11 同样方式，将右手手背☆绳也松开。

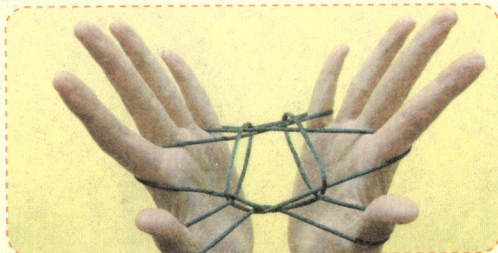

12 "小木屋"盖好了。

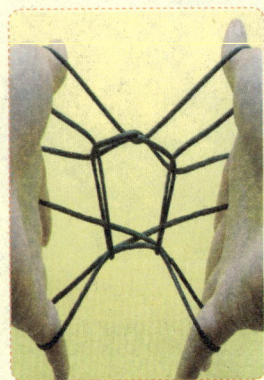

13 将双手指尖指向对面，整理一下，小猪可以住进来了。

"救命啊"

1．将两只手示指上的绳子松开，出现一个小姑娘。

完成

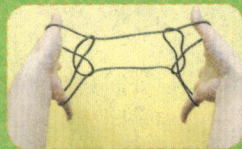

2．左右动一动，呀！小木屋被大灰狼吹倒了。

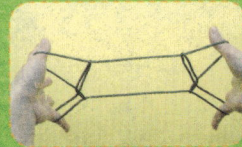

3、从木屋里跑出来两只小胖猪。

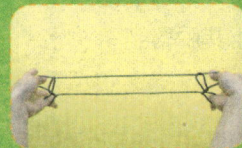

4、两只小胖猪分别逃向左右两边，两只小猪越跑越远。

"大灰狼来啦"

1 准备一个橡皮筋，首先将橡皮筋套在左手的拇指和示指上。

2 用右手的示指从●绳下面钩○绳向下拉。

3 将右手的示指指肚向上，将拉下的绳子按→方向旋转一圈后，将橡皮筋挂在小指上。

4 这是挂在小指上后的样子，之后准备按→方向取●绳子。

5 取绳的方法是用右手的示指把要取的绳子从套在左手拇指上的绳子中间拉出来。

6 正在拉出过程中。

7 不要松手哦！这时再用右手的小指拉出●绳。

8 小星星完成了。怎么样，很可爱吧！

完成

难易度	
★☆☆☆	
人数：1人	
趣味性	
★☆☆☆	

橡皮筋翻星

随便找出一根橡皮筋，利用它的弹性就可以做出一颗小巧玲珑的小星星。

裤子、王冠

裤子变王冠？一根普通的小绳能够从一条裤子，被打造出象征至高权力的王冠，让你成为故事中英俊的王子和美丽的公主。

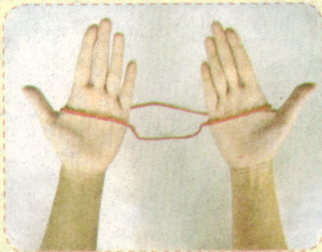

1 首先，将绳子套在双手的手掌上。

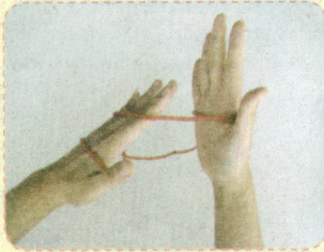

4 以同样的方法，将左手示指、中指、小指一同穿过右手手掌上的绳子。

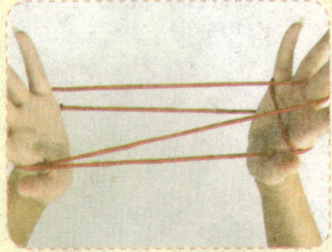

7 挑完后的样子。

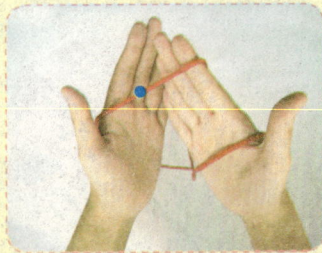

2 右手示指、中指、小指一同穿过左手手掌上的●绳。

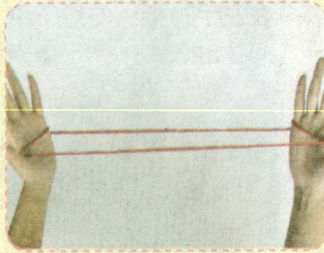

5 穿过后抻直绳子。

8 同样，用左手的中指挑右手掌上的●绳。

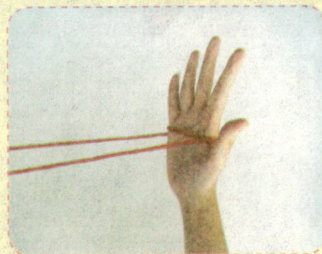

3 穿过后将绳子拉直。

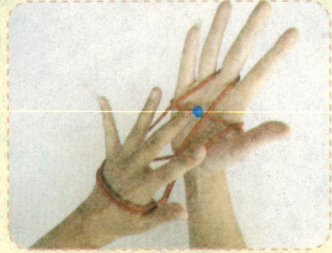

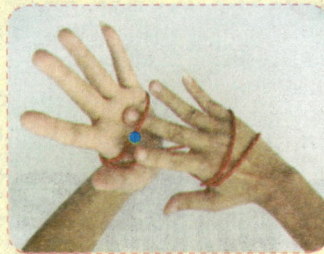

6 用右手的中指由下往上挑左手掌上的●绳。

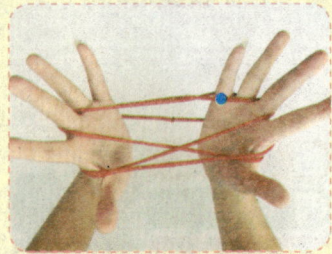

9 双手挑完后的效果。注意●位置，准备钩取。

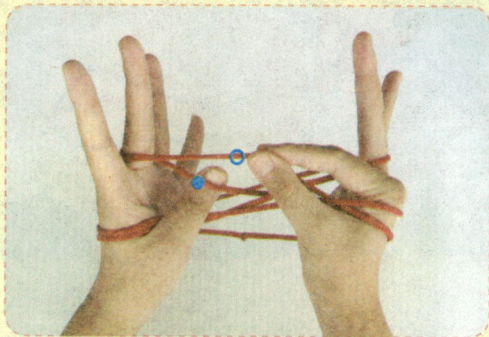

10 双手相互辅助，抬起〇绳，两手拇指弯曲挑●绳。

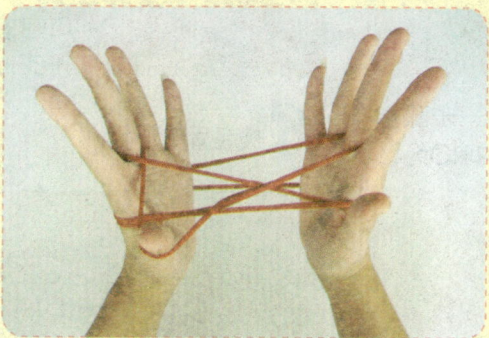

11 将钩住的绳子向外挑出来。

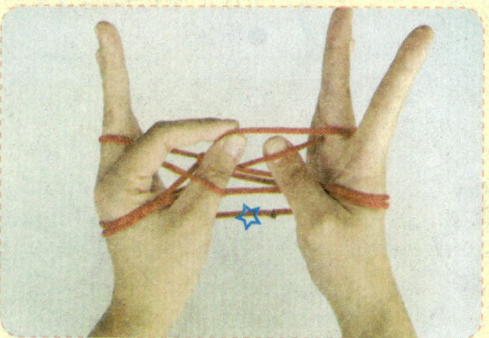

12 同样方法，右手拇指挑绳。将小指上的☆绳松开。

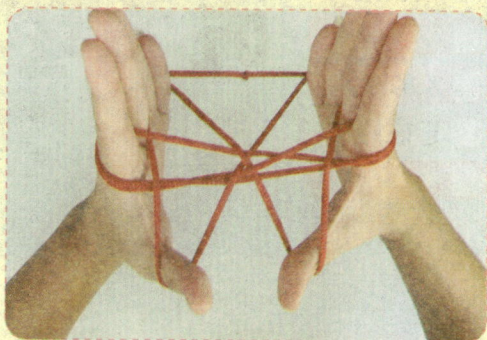

13 将绳抻直，看看像不像一条裤子？

完成

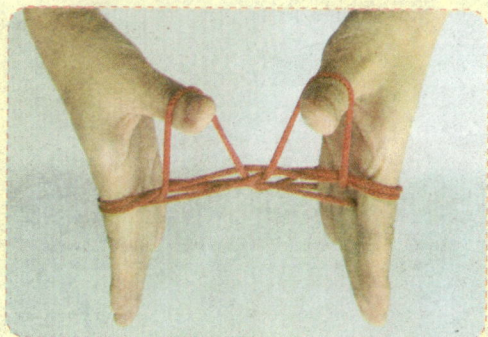

14 再将裤腿朝上，呵呵！就变成了一个漂亮的王冠。很简单吧！

完成

27

吃大枣

有趣的吃枣游戏, 重点是第9步, 在拍手的时候别忘记松开绳子哦。

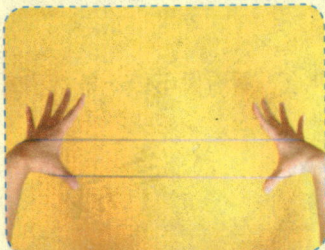

1 首先, 将绳子分别套在两只手腕上, 掌心向下, 张开拇指与示指。

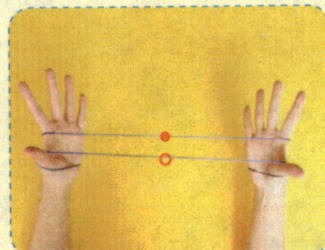

2 然后双手由下至上翻转, 手心向上, 将绳拢起成二条平行线。注意●绳与○绳位置。

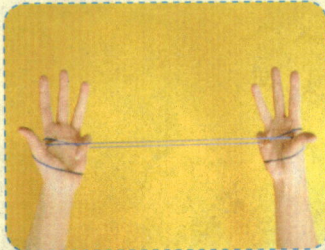

3 用小指压住上一步骤指示的●绳同时钩取○绳。

4 这是钩完后的样子。

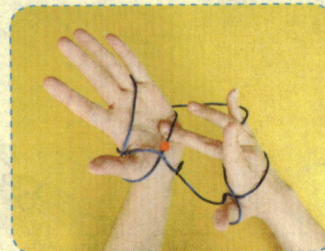

5 再用右手中指挑起左手的●绳。

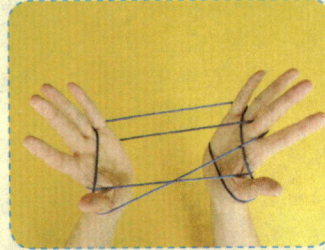

6 挑起后的形状。

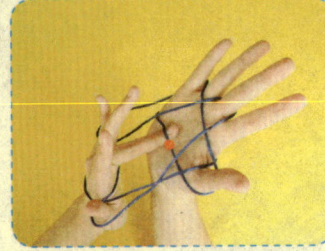

7 用左手中指挑起右手的●绳。

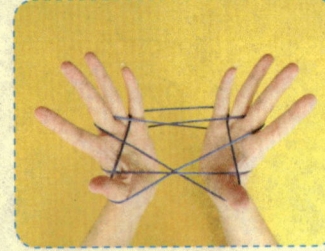

8 挑完后的样子。

9 "啪"双手合十，并迅速将双手拇指和小指上的绳子松开。

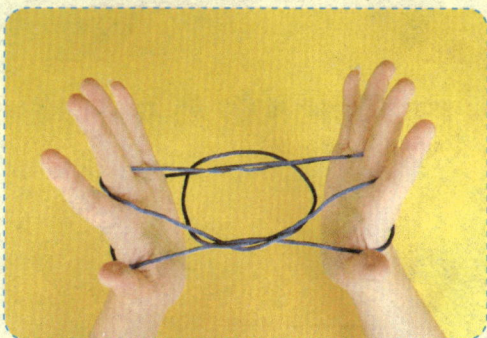

10 打开双手，好吃的大枣就完成了。

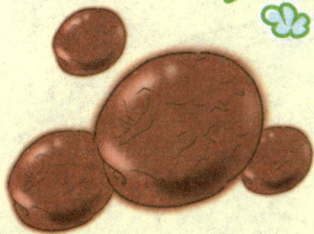

完成

教你玩
JIAONIWAN

1．双手慢慢向两侧拉。

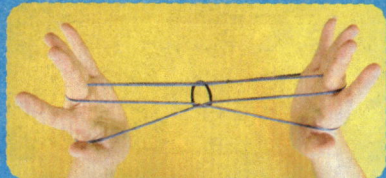

2．"大枣大枣，越吃越小，吃完拉倒！"哈哈！

3．此时拍一下掌"啪"，快速松开双手的中指。

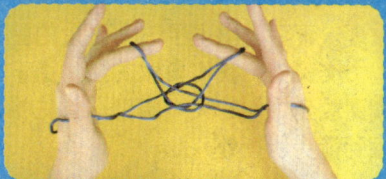

4．注意松开的过程哦！

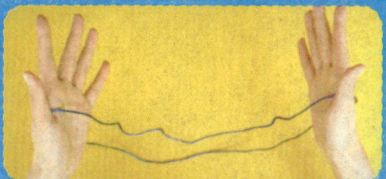

5．"剩下枣核把它扔掉！"小朋友们一起来做吧！

29

自制小河1

"小河流水哗啦啦……"这个游戏是从双人翻绳游戏中衍生而来的，小河实际上是环中有两处扭转而已，了解了这一点，就很容易由一个人翻出来了。

1 首先做好中指基本手势的步骤，接着指尖向下并慢慢地把手抽出来，将绳置于桌面上，保持绳的扭转状态不变。

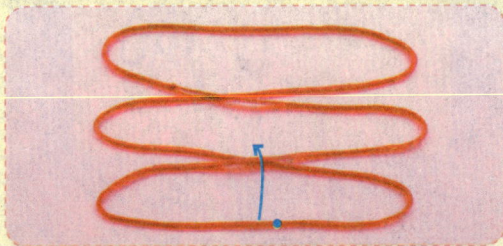

2 整理一下后，出现了三个可爱的圈圈和两个交叉处，我们要做的是将上下两个圈圈放到中间的大圈圈里。首先将●绳翻到箭头所指处。

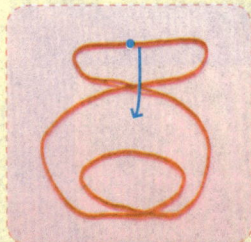

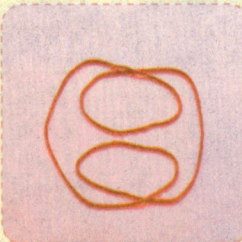

3 再将●绳同样的翻到箭头所指处。

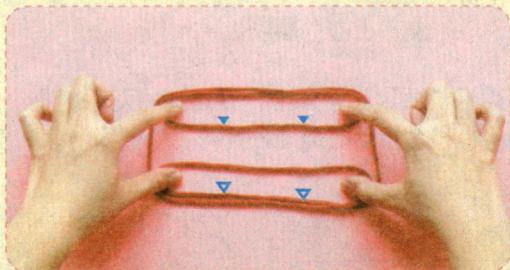

4 将双手的拇指伸入▽内，双手的示指伸入▼内，撑起绳。

5 一个人完成"小河"了耶！

完成

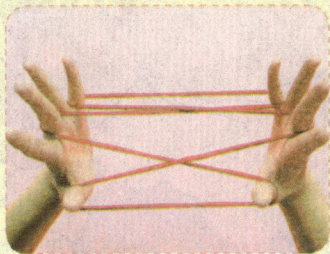

1 先做好中指的基本步骤。

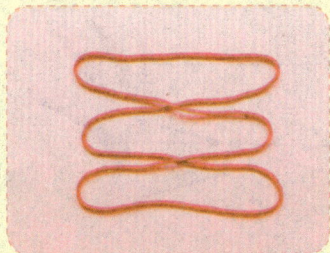

2 指尖朝下，慢慢地将绳子按原状放置在平面上。

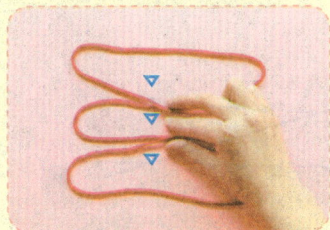

3 慢慢地用右手的大拇指、中指、示指伸进▽处。用这三个指头捏住绳子交叉处。

4 将捏住的绳子拎起来。

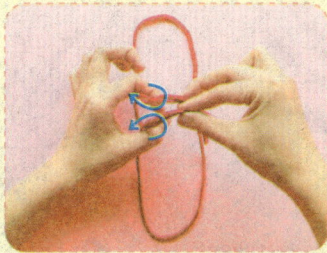

5 用左手的大拇指按→方向从外侧翻挑●处的两根绳，用示指从外侧翻挑○处的两根绳。

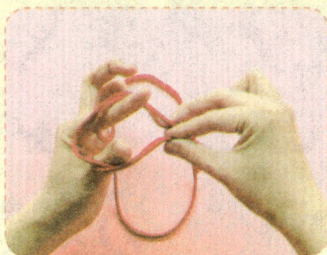

6 这是挑的过程。

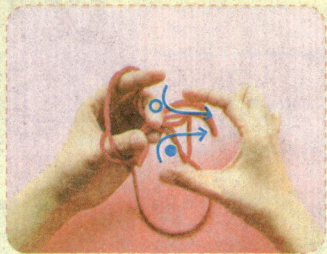

7 用右手的大拇指顺箭头方向从外侧挑●绳处的两根绳，用示指从外侧翻挑○处的两根绳。

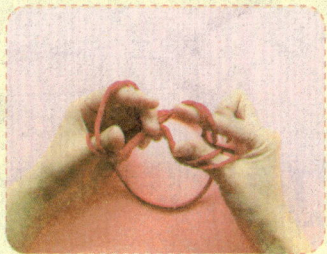

8 慢慢地向两边分开，抻直绳子哦！

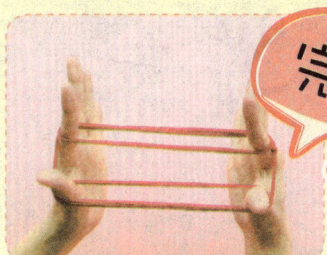

完成

9 果然是条小河啊！

自制小河2

弄清"小河"的基本方法了吗？再让我们换一种方法制作吧！同样会有惊喜哦！

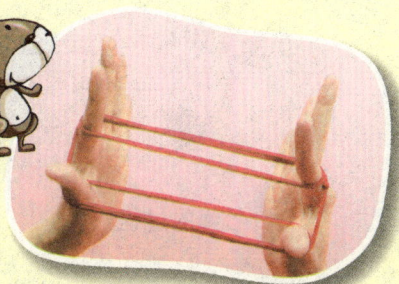

立体眼镜

看过3D电影吗？知道它的为什么有那么逼真效果吗？秘密就在立体眼镜上。

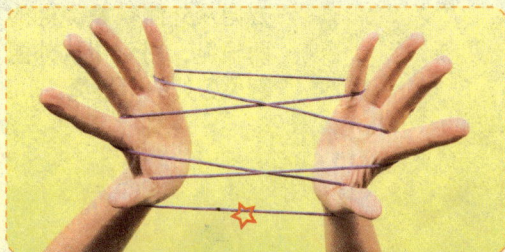

1 先做好中指手势的基本步骤，将拇指的☆绳松开。

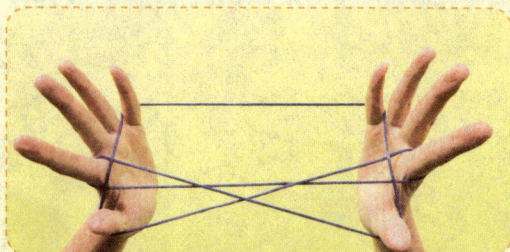

2 松开后的样子，用拇指指尖挑●绳。

3 挑绳的过程。

4 这就是挑后的样子，对照一下。

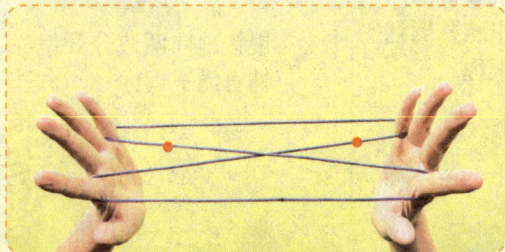

5 接下来，将套在小指的绳子松开。再用拇指挑●绳。

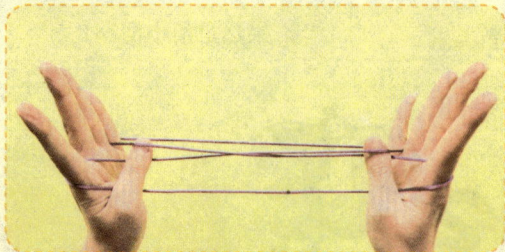

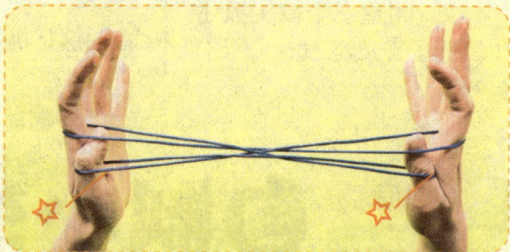

6 这是挑的过程。注意☆的位置，准备松开☆绳。

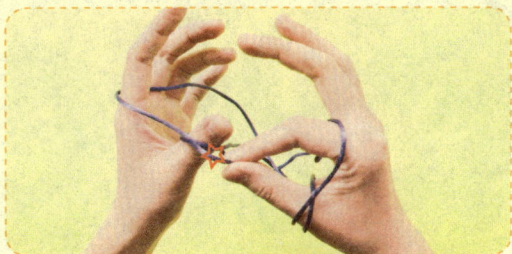

7 首先用右手拇指和示指将左手拇指上☆绳松开。

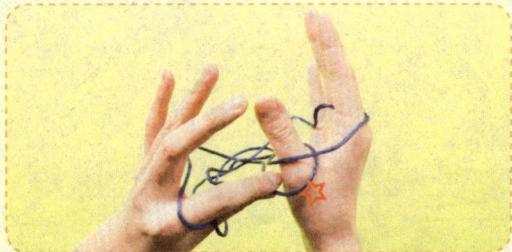

11 再用示指向上拉绳。

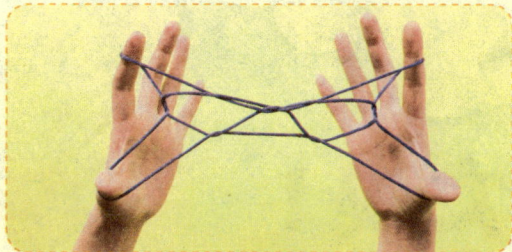

8 同样的方法用左手拇指和示指将右手拇指上☆绳松开。

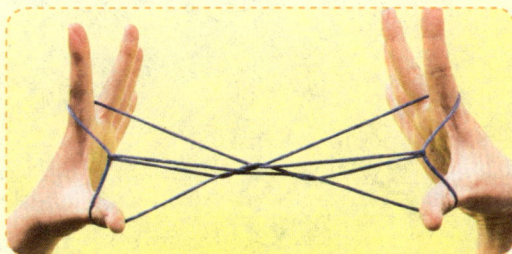

12 最后将示指伸开，切记绳子不要拉得太紧。

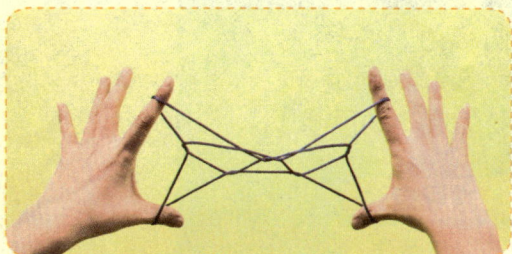

9 这是松开后的样子，你做对了吗？

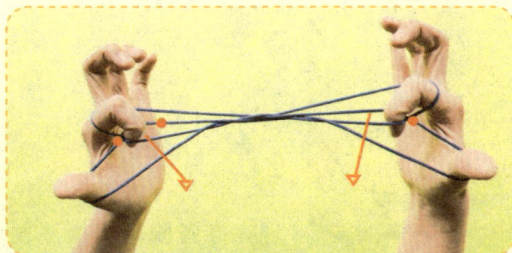

13 四指朝向对面，高科技立体眼镜完成了，带上体会一下吧！再看看，也很像蜘蛛侠面具哦！

10 继续用示指压住●绳向下插入▽里，注意○绳的位置。

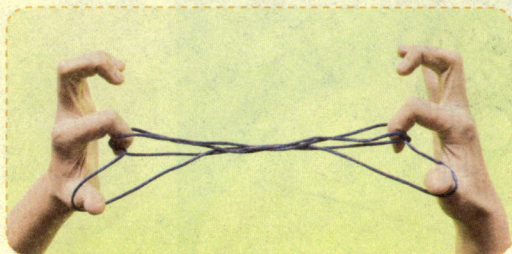

完成

立体眼镜不仅用于观看3D电影，还有非常刺激的3D游戏。

大碗1

此游戏在日本很受欢迎，又被人们称为"酒杯"。操作起来很简单，我们立刻动手吧！

难易度
⭐⭐⭐⭐

人数:1人

趣味性
⭐⭐⭐⭐

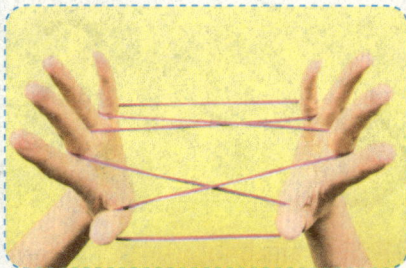

1

首先做好中指基本手势的步骤。

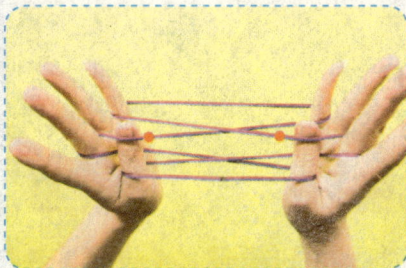

2

再用左手拇指挑中指的●绳。

3

这是挑后的形状。

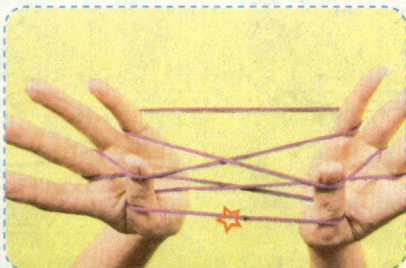

4

现在准备脱落拇指下面的☆绳。

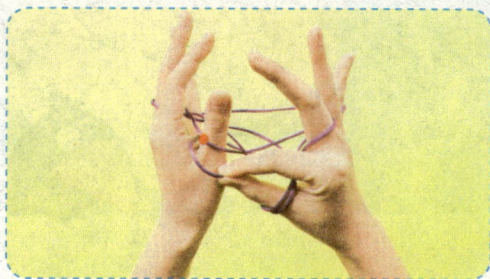

5 在松开☆绳时，可以让左右手相互帮助，用右手将左手拇指上的☆绳取下，注意不要放开左手的●绳。

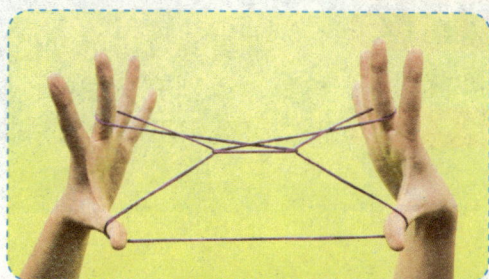

8 松开后的形状。

6 取绳的过程。之后再以同样方法将右手同等的绳取下。

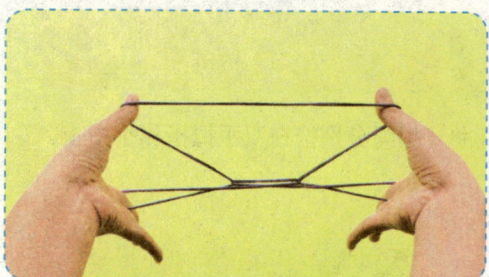

9 翻转我们的双手，就成了"大碗"，我们也可以称它为"果盘"。

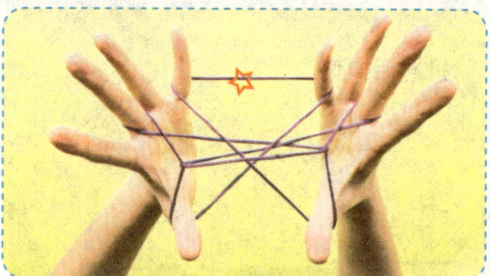

7 这是取下来后的形状。我们继续松开小指上的☆绳。

完成

35

大碗2

翻绳游戏，可以使游戏参与者的想象力得到充分发挥，同样的一个图形，可以用不同的方法来完成。

1 将一根绳分别挂在双手拇指和小指上。

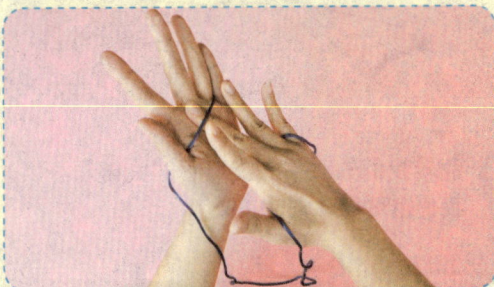

2 用右手的中指将左手掌上的绳子挑过来。

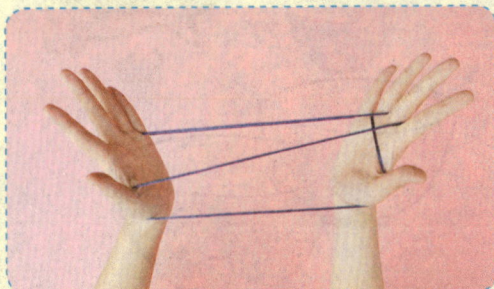

3 挑完后的将绳子抻直。

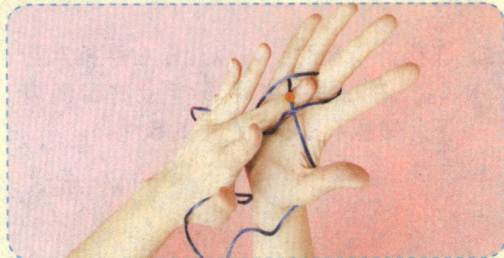

4 再用同样的方法将右手掌上的●绳挑起。

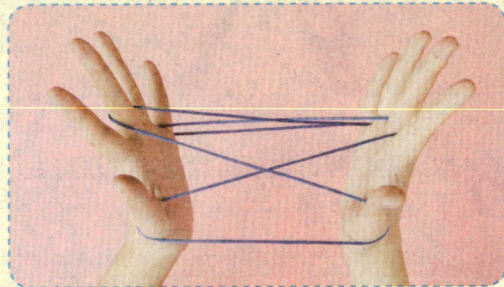

5 挑起后抻直。

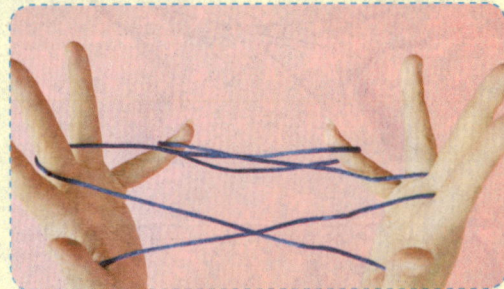

6 然后，将小指上的绳子松开。注意不要抻直。

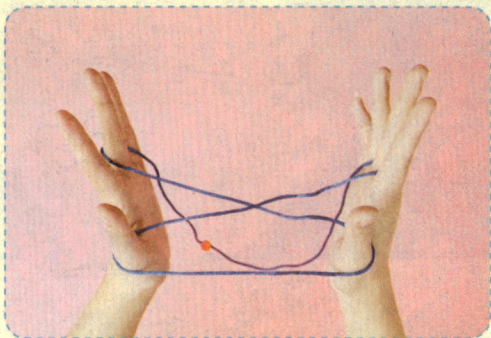

7 利用惯性将小指松开的●绳向自己的方向掀过来。

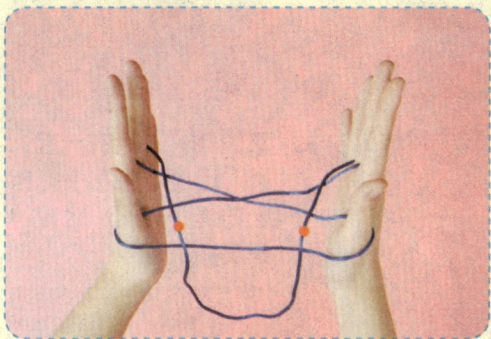

8 绳子掀过来后的样子。注意●绳位置。

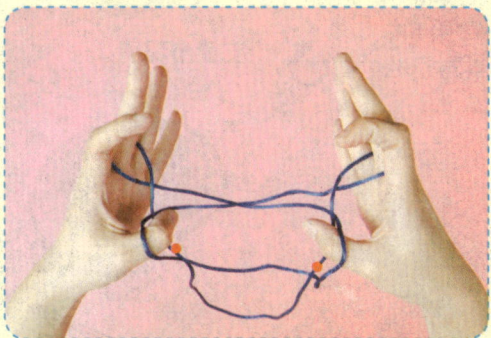

9 用拇指钩●绳子。

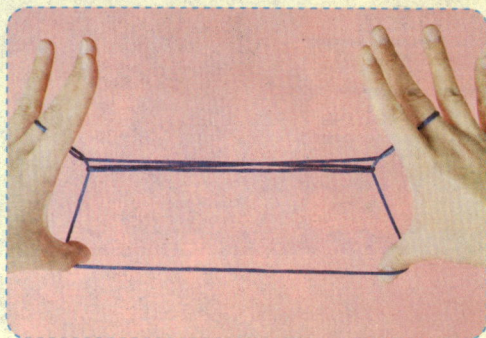

10 双手向两侧拉，并且向下压，就变成这样的形状。

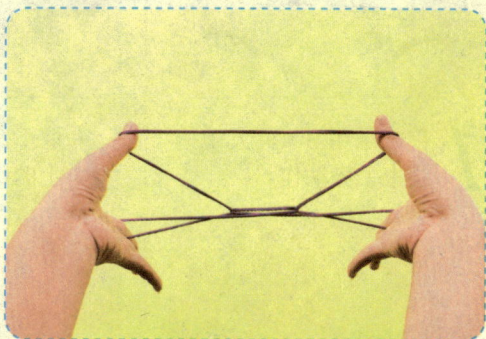

11 最后将拇指指尖翻转向上，如同变魔术一样，瞬间又一个大碗完成了。

完成

大碗、箭

一个大碗经过反复加工，会变成好多意想不到的形状，只要你勤于动手动脑，就会创造奇迹。

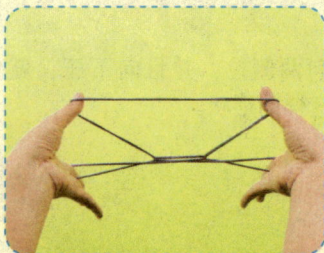

1 首先采用37页大碗的结束手势动作。

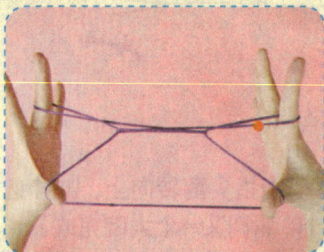

2 翻转我们的双手将碗口向下，右手拇指取●绳。

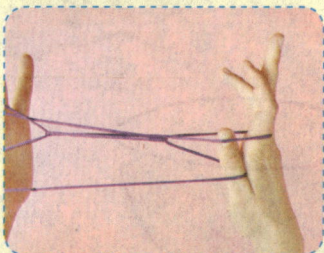

3 取绳的过程。

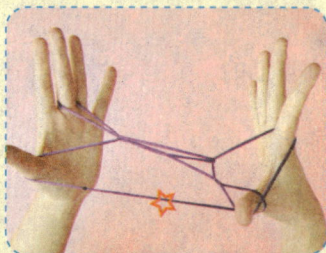

4 取下来后，将右手拇指上的☆绳松开。

5 用左手拇指和示指捏住☆绳并松开的过程。

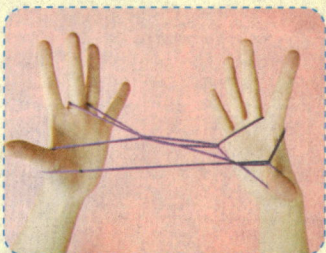

6 松开后的形状。

"啪"

7 双手"啪"拍合在一起，同时迅速地将左手拇指上的绳子松开，然后伸开双手。

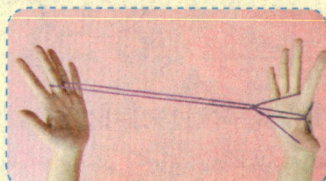

8 一支箭出现了。

完成

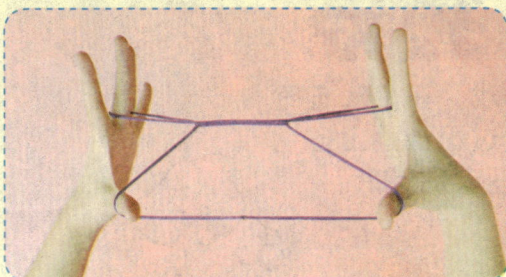

1 同样做出一个大碗来。然后将碗口转向下，平铺在桌子上。

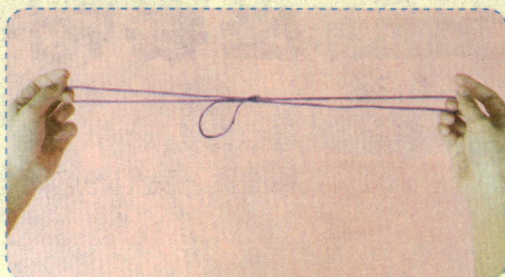

4 将拿起的绳子向左右两边拉。看，很像婴儿的奶嘴吧？

完成

完成

2 将●绳整理一下，看！很像花瓶吧！

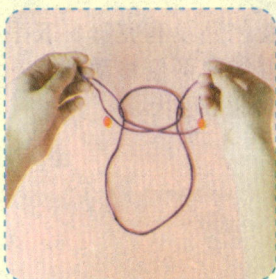

完成

3 再将●绳拿起。

5 吹上一口气，哈哈！泡泡不见了，很有意思吧！开动一下脑筋，看看还能做出什么？

难易度
★

人数：1人

趣味性
★★★

花瓶、奶嘴、气泡

有时变化只需要一个简单的动作就能完成。

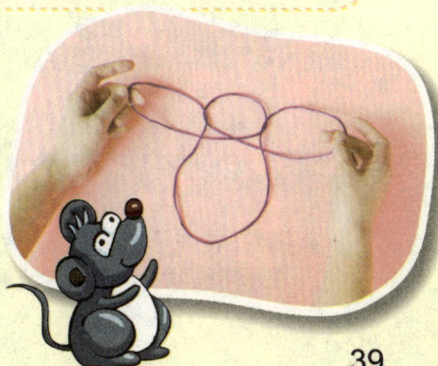

巫婆帽、领带

这是一个很有趣的游戏，在游戏过程中需要两个人配合，通过配合翻出各种图案。我们将这两个人设定为A和B。

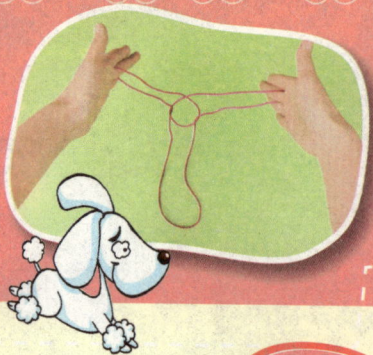

1 首先，A以37页大碗的结束手势做好准备。

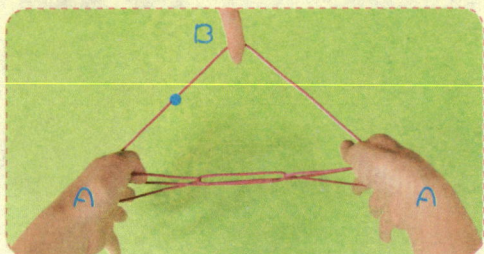

2 B用示指向外拉碗口●绳，A在B拉绳子的同时手指慢慢合并。

3 随着B将绳子拉长，A逐渐用拇指将套在示指夹紧，形成一个三角形。

完成

4 放开拇指，双手向两侧移动，巫婆帽形成了。

5 变化还没有完呀！双手继续向两侧移动，就形成这个形状。

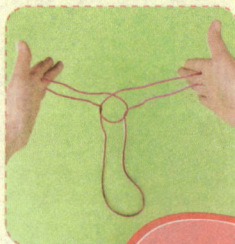

完成

6 此时B放开手中的绳子，一条大方的领带完成了。

这个游戏不仅仅限于两个人玩，还可以一个人借助自己的嘴巴来完成。

40

1 A将一根绳分别挂在双手拇指和小指上。用双手示指将●绳分别挑起。

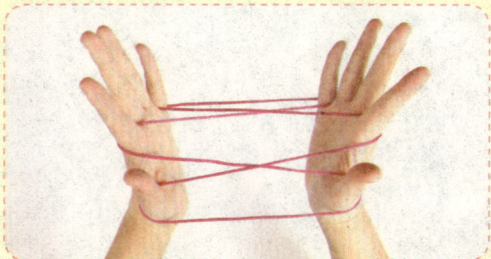

2 这是挑完后的样子。

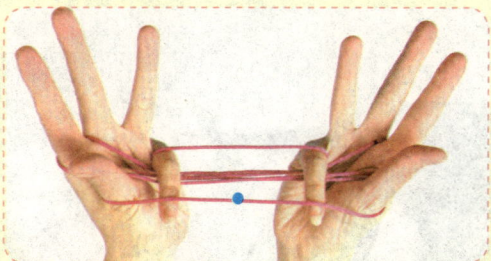

3 双手小指弯曲，压在其他绳子的上面，取●绳。

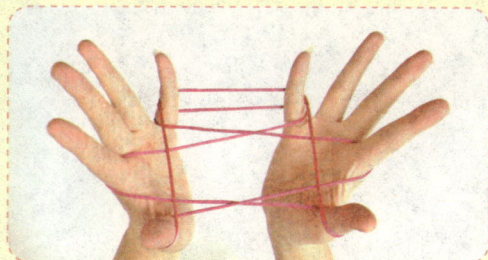

4 取后的样子。

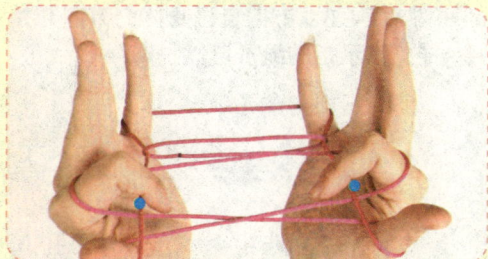

5 接下来示指弯曲，压在●绳上。

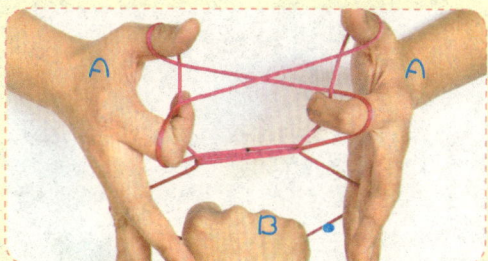

6 B用手握住小指上的●绳，此时A将挂在拇指和小指上的绳子松开。

难易度

人数：1人

趣味性

小淘气上树

"我望不见山顶，只知道有山顶"，想感受攀登到高处的感觉吗？努力争取一下吧！

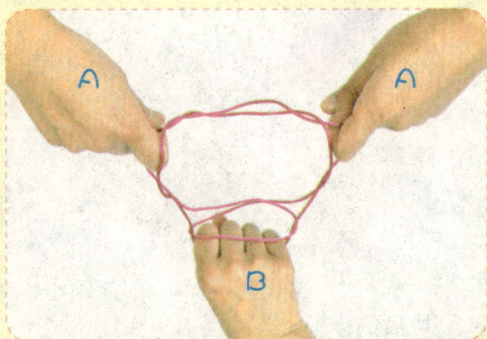

7 然后A、B双方向自己身体的方向开始拉，A示指的绳子自然脱离。

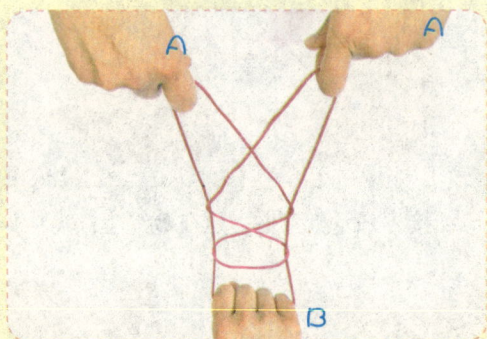

8 最后A示指向上拉，一个淘气的小孩爬树就完成了。

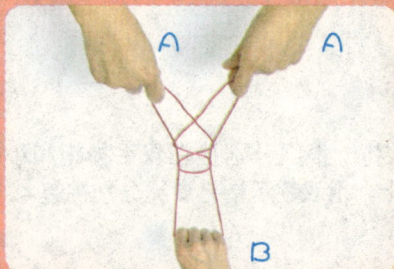

玩法：B不动，A向上提拉，小孩就会不断地往上爬，直至攀登到最高处。

完成

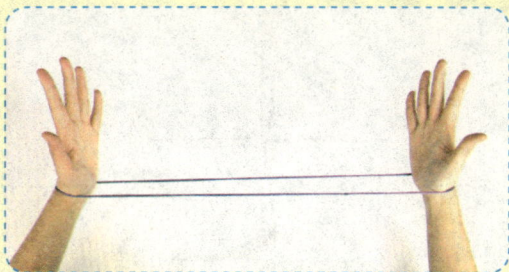

1 首先A将绳子套在双手手腕上。

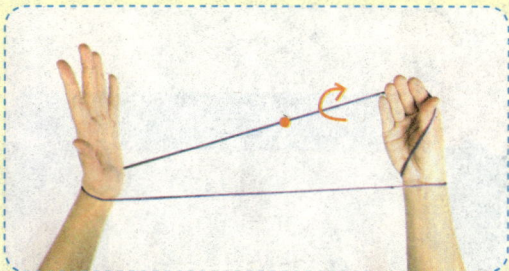

4 翻转后将绳子缠绕在左手手腕上。

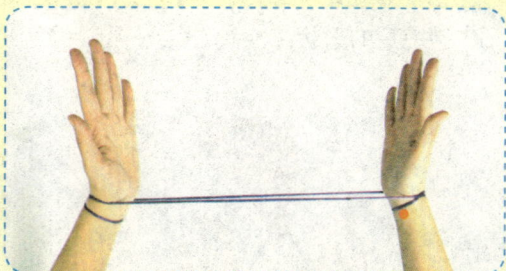

2 右手由外向内按→方向将●绳翻转。

5 然后，用左手中指挑右手手腕上的●绳。

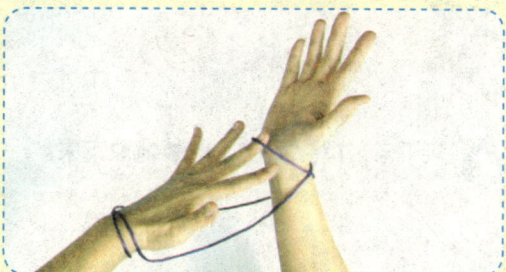

3 左手用同样的方法按→方向将●绳翻转。

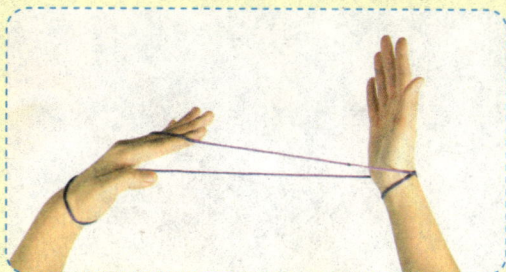

6 挑绳的过程。

难易度
★★★☆☆

人数：2人

趣味性
★★★★☆

拉锯

"拉大锯，扯大锯，姥姥家口唱大戏……"两个人相互配合着，边唱边拉动绳子，非常有意思哦！

7 挑完后的形状。

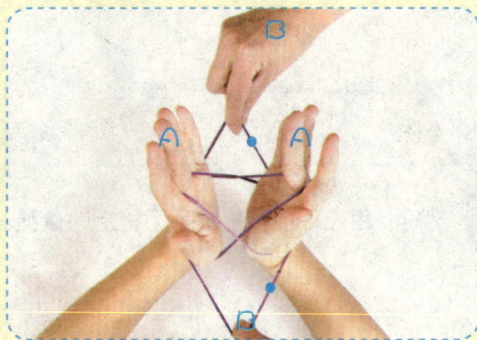

8 接下来，B将A手腕上的●绳取下来。

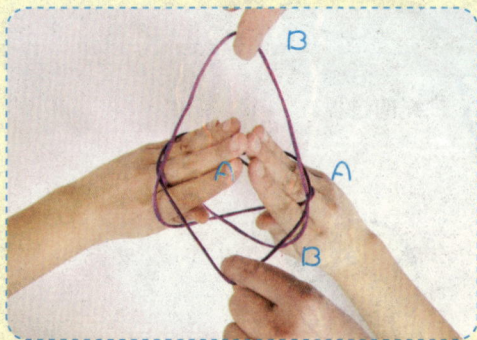

9 A将手指夹紧，脱掉指背上的绳子。

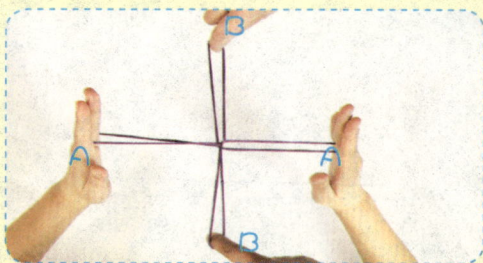

10 A、B完成后形成了一个"十"字，准备玩拉锯游戏啦！

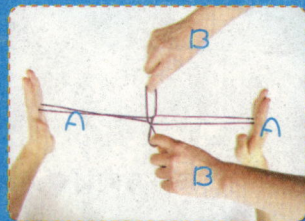

教你玩
JIAONIWAN

A拉紧时B就收缩。

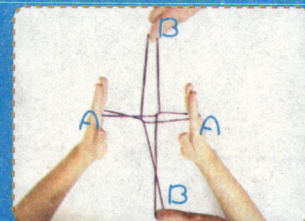

相反A收缩时B就拉紧。双方一拉一收非常好玩，就如同拉锯一样你们学会了吗？

完成

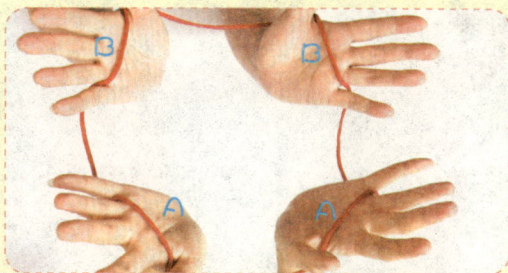

1 A、B人分别将绳子挂在双手的拇指和小指上。

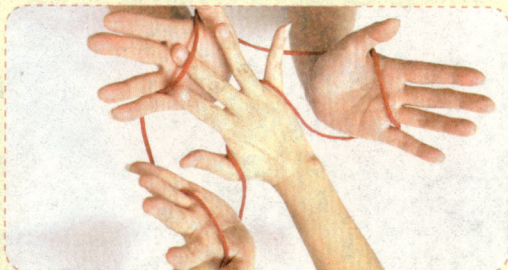

2 然后用中指按顺序挑双方手掌上的绳子。

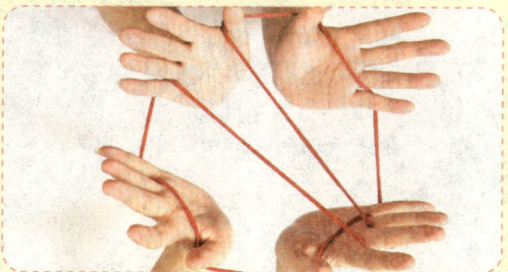

3 如图，首先A先取对面B手掌上的绳子。

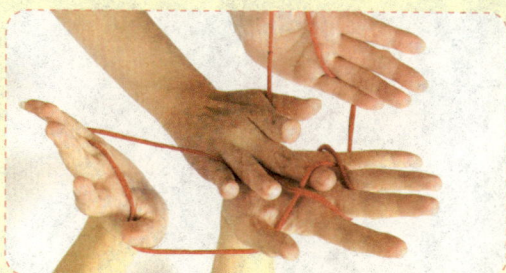

4 然后B再取A手掌上的绳子。

5 A、B的另一只手也按同样的方法准备取对方掌心上的绳子。

6 首先A的另一只手的中指取B另一只手手掌上的绳子。

难易度

★★★★

人数：2人

趣味性

★★★★

风车、打年糕

知道哪个国家被称为"风车之国"吗？先跟着我一起完成一个风车游戏后再找答案吧！

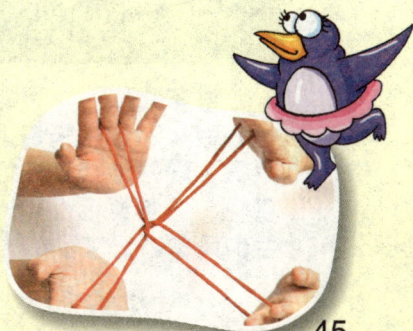

45

7 B的另一只手中指取绳子。

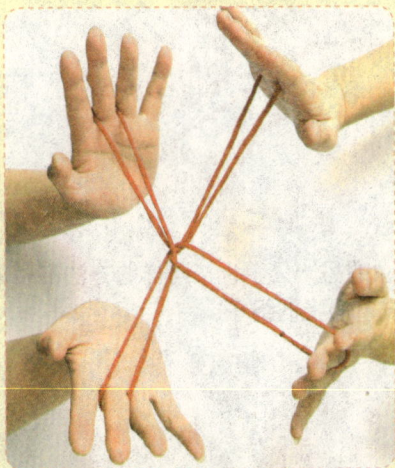

8 将所有套在拇指和小指上的绳子松开。

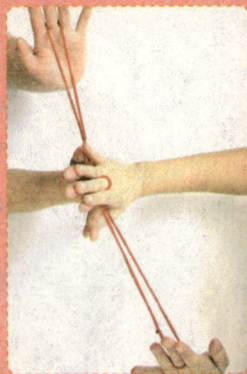

先将双方右手合上。

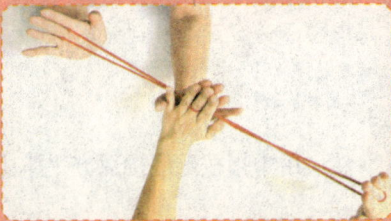

再合上双方左手，跟着拍手的节拍玩。这款游戏我们还给它起了另外一个名字叫做"打年糕"，你认为哪个名字更形象些呢？

完成

完成

风车完成了，那风车到底是哪个国家的呢？让我来告诉你吧！有一种风景，静静地竖立在地平线上，远远望见，仿佛童话世界一般，那就是荷兰的风车。记住了吗？

1 将绳套在中指、示指、无名指和小指上。

2 左手除拇指外四指弯曲。

3 将弯曲的四指顺箭头方向插入▽中向上翻转。

4 翻转后将绳子套在中指、示指、无名指和小指上。

5 同样，将右手除拇指外的四指弯曲。

6 将弯曲的四指插入▽中向上翻转，把绳子套在中指、示指、无名指和小指上。

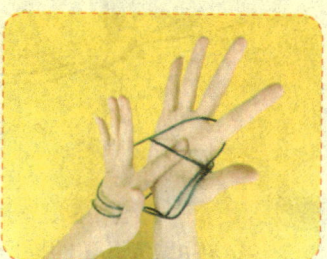

7 双手翻转后的形状。

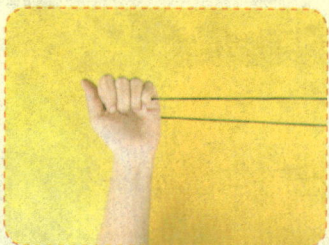

8 接下来用右手中指取左手掌上的绳子。

9 左手中指取右手掌上的绳子。

难易度
★★★★
人数：2人
趣味性
★★★★

锯木头

非常简单的几个步骤，但要注意两个人在翻绳过程中的配合。

47

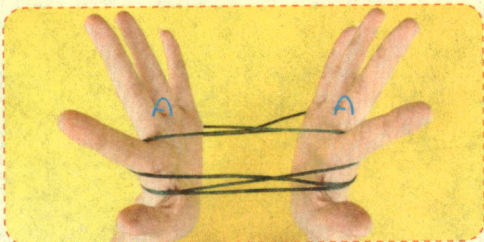

10 取完后就变成了这样。此时B准备取绳子。

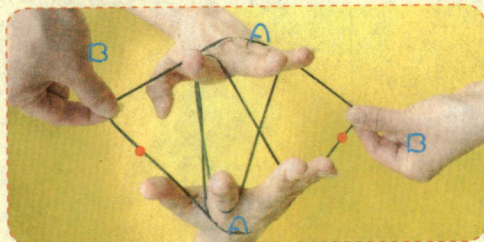

11 B用双手取A手指上的●绳。

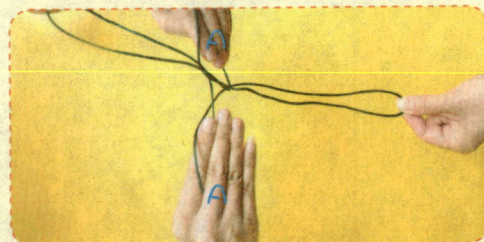

12 在B取A绳子的同时，A将套在双手手背上的绳子脱离。脱离时要夹紧手指上的绳子。

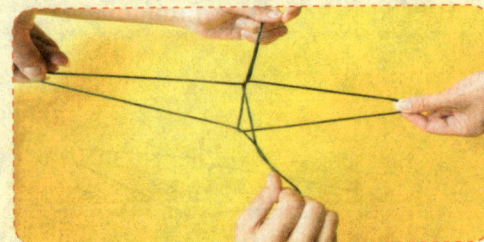

13 "锯木头"完成了，你们做好了吗？

玩法与拉锯方法相同

A拉紧时B就松。

相反A松时B就拉紧。

完成

方法一

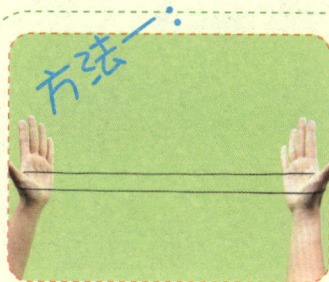

1 将绳子分别挂在双手的拇指上。

4 这么简单就可以完成一个"橡皮筋"。

3 翻转双手将掌心相对，随着手的翻转绳子套在拇指和小指上。

2 首先，用双手的小指将拇指上的两根绳子一起挑起来，挂在小指上。

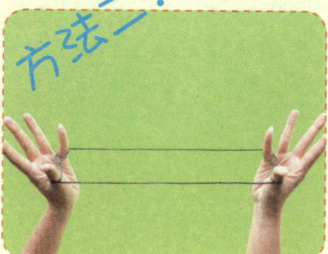

方法二

1 重新再做一个吧！将绳子分别挂在双手的拇指和小指上。

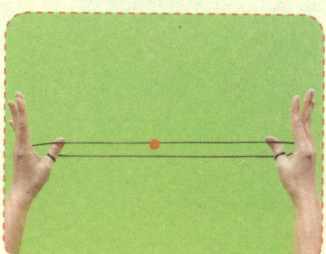

4 用双手拇指挑●绳。

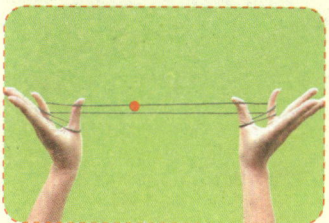

3 再用双手拇指将●绳挑取过来。

2 双手掌心向下。

5 挑后的样子。

难易度
★☆☆☆☆
人数：1人
趣味性
★★★☆☆

伸缩橡皮筋

一根普通的绳子，用简单的几个步骤，就能体验到橡皮筋的伸缩的自由。

49

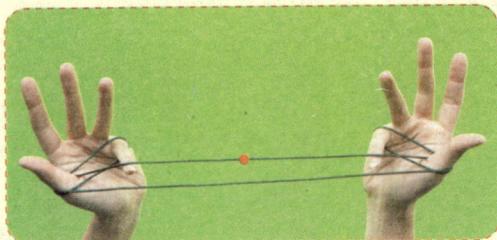

6 接下来用小指挑●绳。

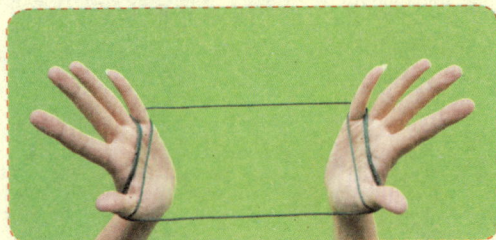

7 挑完整理一下。

8 然后用双手中指取●绳。

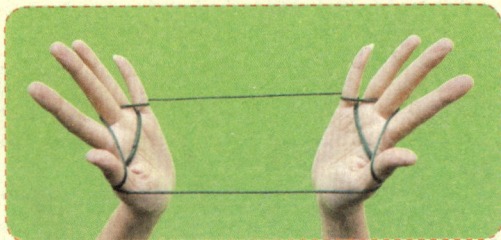

9 取完后的样子，快要大功告成了。

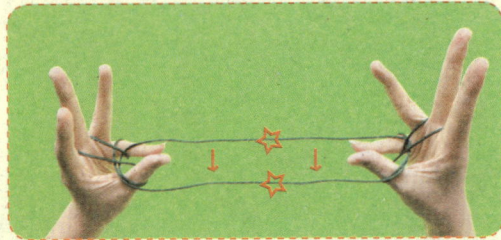

10 最后双手拇指和小指按→方向下压，这时套在手指上的☆绳子就会脱落下来。

11 又一根皮筋完成了。

教你玩
JIAONIWAN

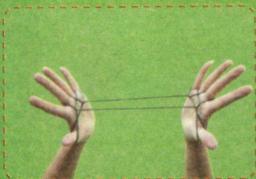

双手十指张开，皮筋就会缩短。

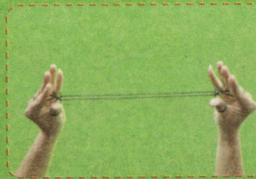

双手手指合并，皮筋就会变长。

完成

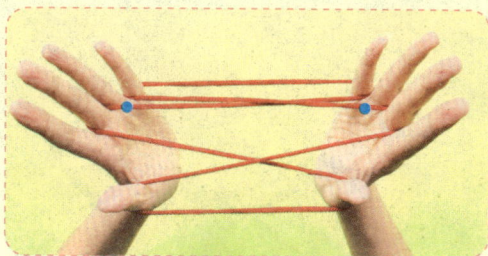

1 先做好中指基本手势，用拇指取●绳。

2 取绳的过程。

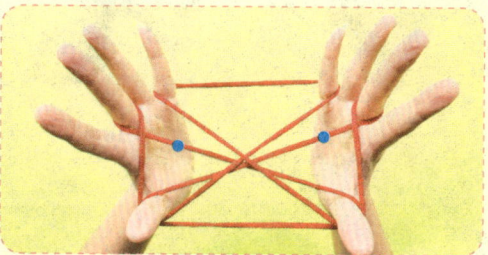

3 取完后，再用小指挑中指上●绳。

4 挑绳的过程。

5 取完后的形状。

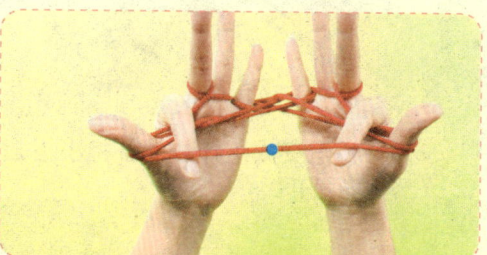

6 接下来示指弯曲，挑拇指上的●绳。

难易度

★★☆☆

人数：1人

趣味性

★★☆☆

交通指挥信号灯

"红灯停，绿灯行，看见黄灯停一停"学会看信号灯了吗？

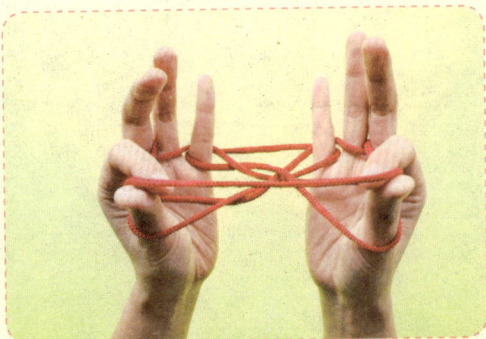

7 然后将示指挑下来的绳子松开。

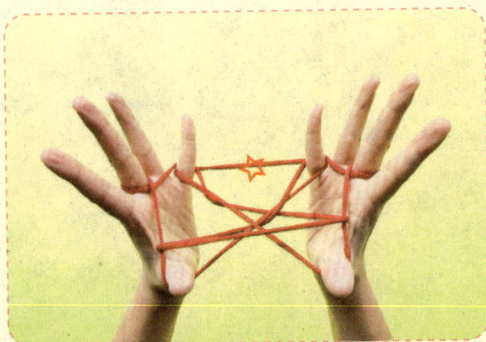

10 用左手将右手小指上☆绳子松开。

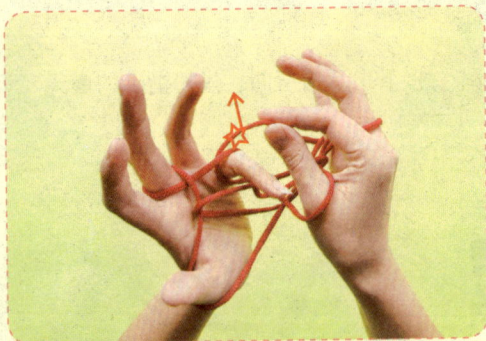

8 松开后就变成这样。准备将小指上☆绳子松开。

11 松开后整理一下。

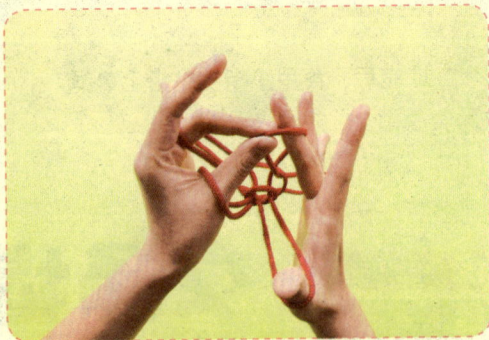

9 首先用右手将左手小指上☆绳松开。

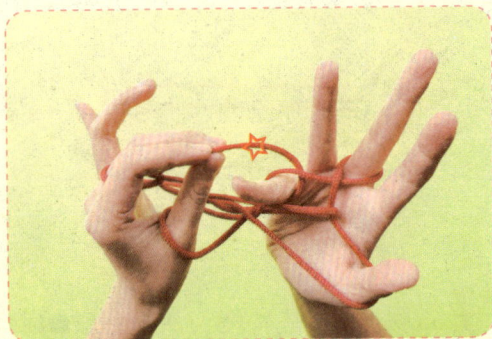

12 接下来，用左手将右手中指上的绳子取下。

13 将取下来的绳子套在左手中指上。

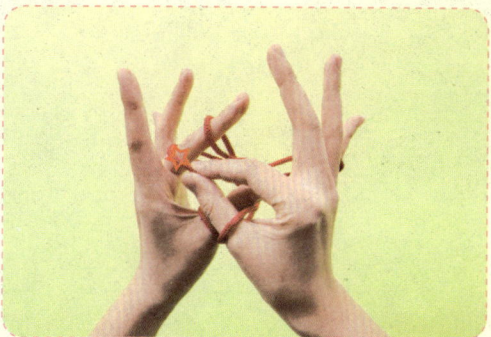

16 完成后将手指上的绳调整一下，信号灯就完成了。试着变换一下吧！

14 同样的方法，用右手将左手中指上的☆绳取下。

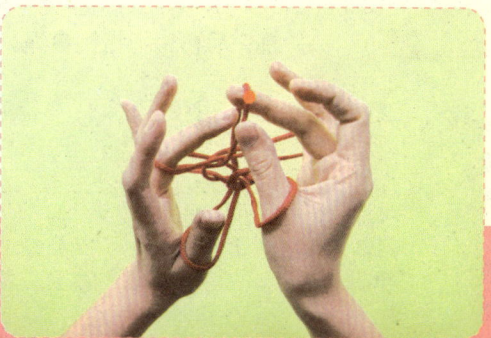

再将取下的☆绳套在右手中指上。

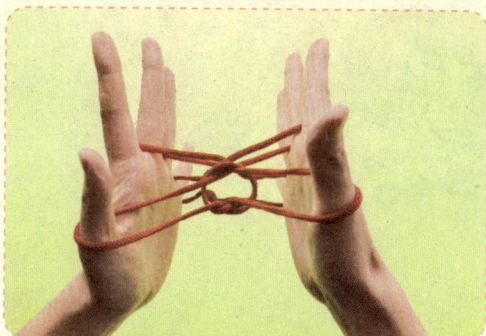

完成

大嘴巴

这是个非常简单且有趣的翻绳游戏，主要步骤在第6，7步。

难易度
⭐☆☆☆☆

人数：1人

趣味性
⭐⭐☆☆☆

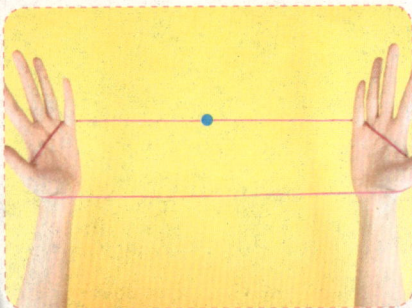

1

将绳挂在拇指和小指上，用双手示指挑●绳。

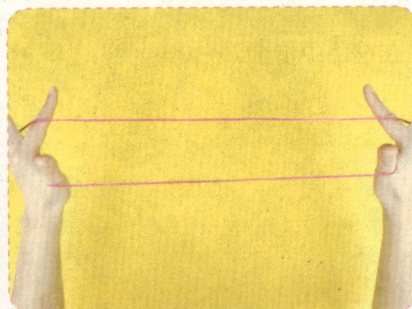

2

挑绳的过程。

3

挑完后再用拇指挑●绳。

4

取绳的过程。

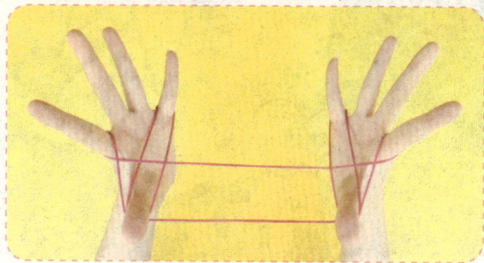

5 取完后的样子。

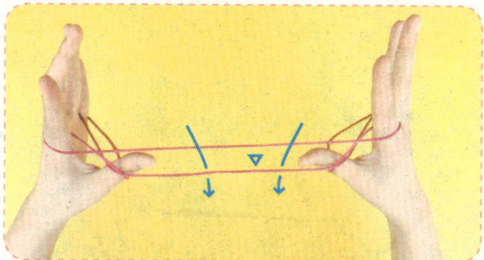

6 接下来将拇指插入▽中，插入后将拇指按→方向穿过。

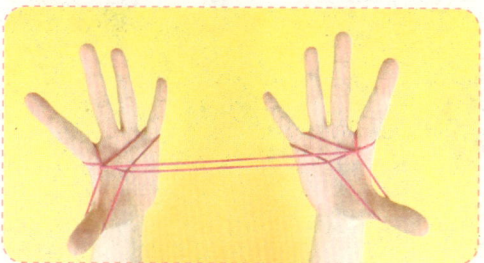

7 完成翻转后对照一下吧！

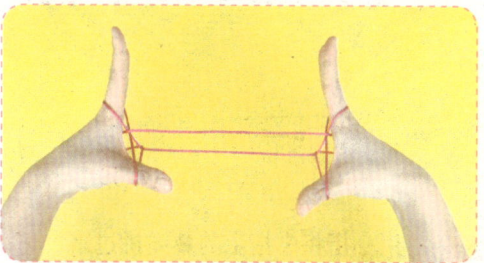

8 调整绳子大嘴巴完成了。

教你玩
JIAONIWAN

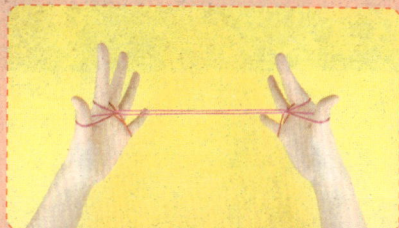

将手向外抻拉，嘴巴就会闭上。

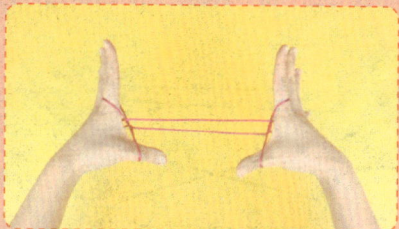

将手指分开，嘴巴就会张开。

完成

田野、皮包、沙漏

用我们的手来创造一个宁静温馨田园生活吧！

1 首先，做好中指手势的基本步骤。

2 然后，用双手拇指将●绳挑起来。

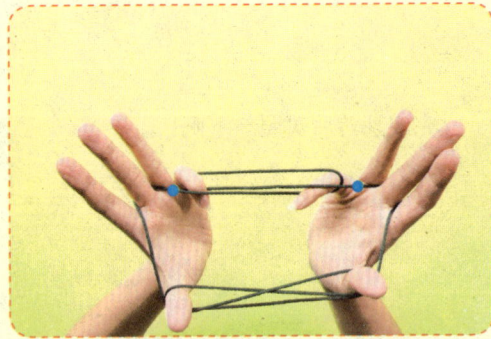

3 挑完后的样子。

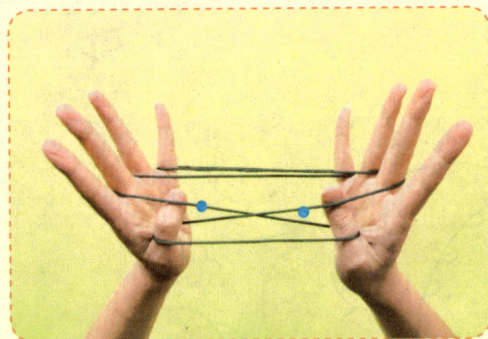

4 再用小指将中指上的●绳挑过来。

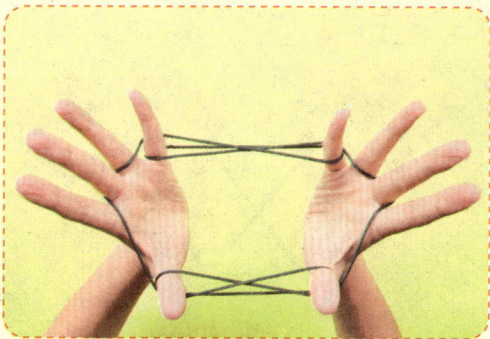

5 挑完后的样子。

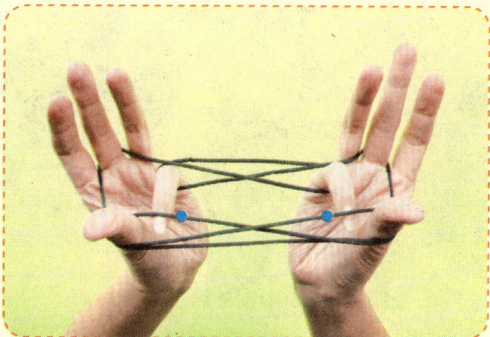

6 再用小指取拇指上●绳。

7 取完后上绳的形状。

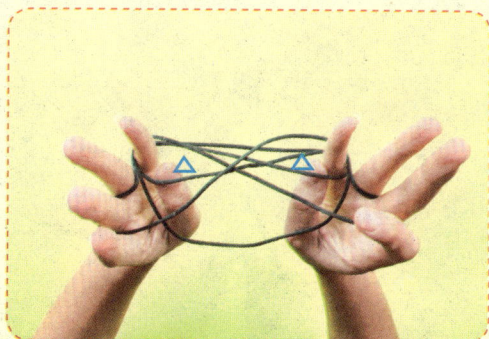

8 接下来将双手拇指伸入△中。

9 整理一下。

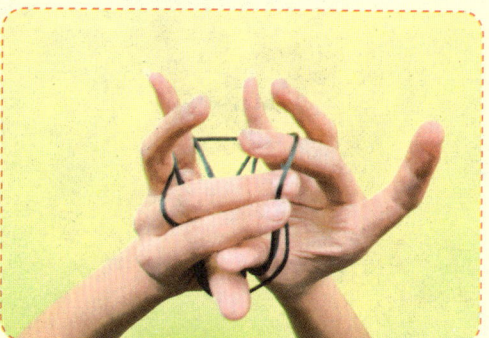

10 用左手将右中指上的绳子取下来松开。

11 松开后一个皮包完成。

完成

12 将右手中指上的绳子松开。

13 松开后绳子都挂在拇指和小指上。
享受一下田园的生活吧!

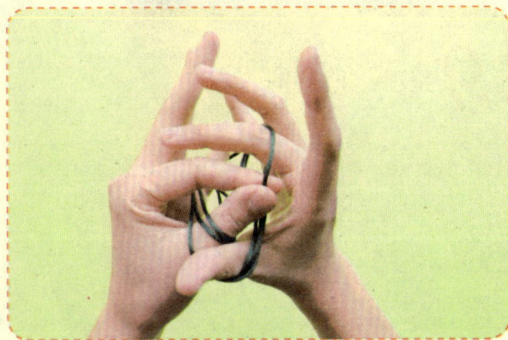

完成

14 调整一下绳子,再与"田"对照一下,怎么样? 沙漏完成了。

完成

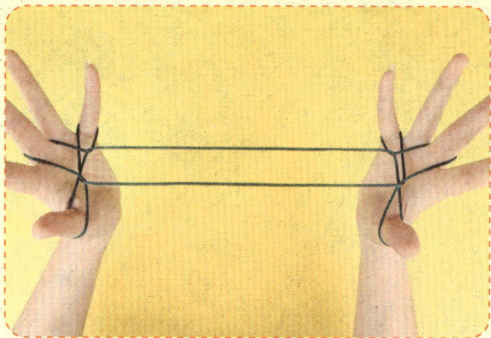

1 首先以49页"橡皮筋方法二"手势为
开端。

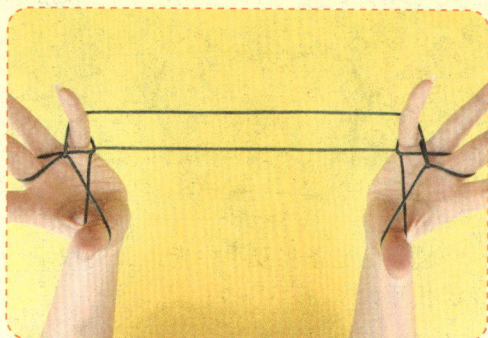

2 然后用小指挑●绳。

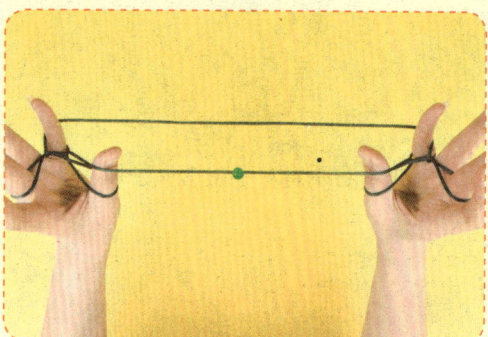

3 挑完后的样子。

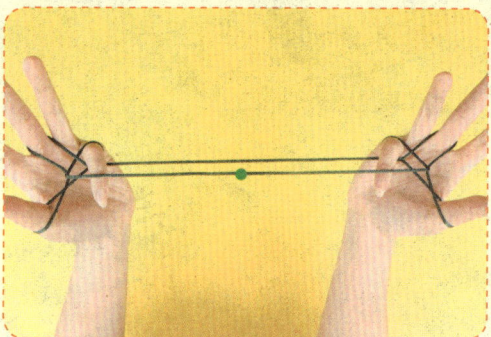

4 接下来，用拇指挑●绳。

难易度
⭐⭐☆☆

人数:2人

趣味性
⭐⭐⭐☆

抽绳

同像皮筋一样的翻绳游戏，不过这
款游戏可以在沉迷橡皮筋伸缩之时，给
你意想不到惊喜。

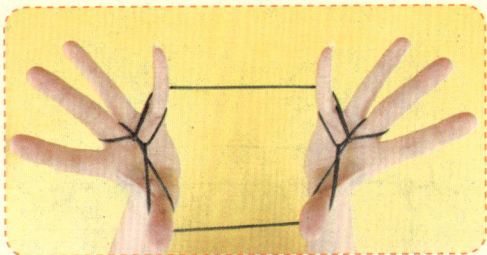

5 挑完后准备将双手中指上☆的取下松开。

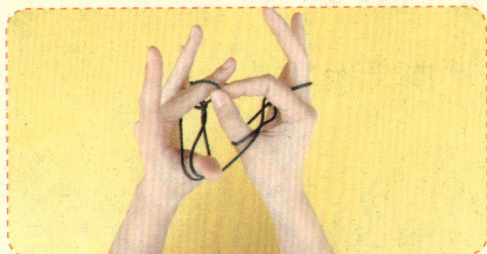

6 首先用右手将左手中指绳子取下。

7 再用左手将右手中指的绳子取下。

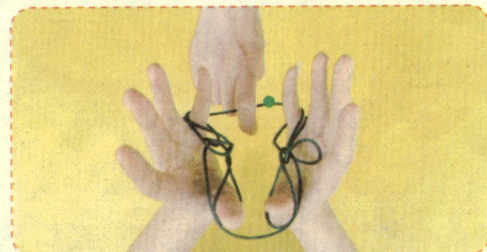

8 由另外一个人将●绳拉开。

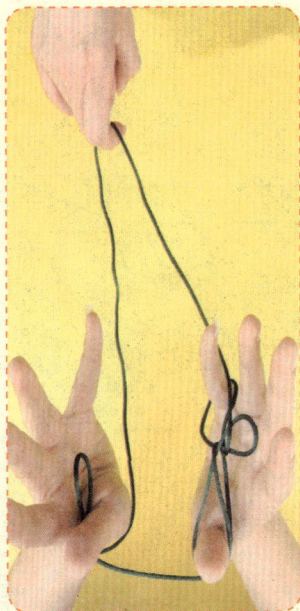

9 拉开的过程。

完成

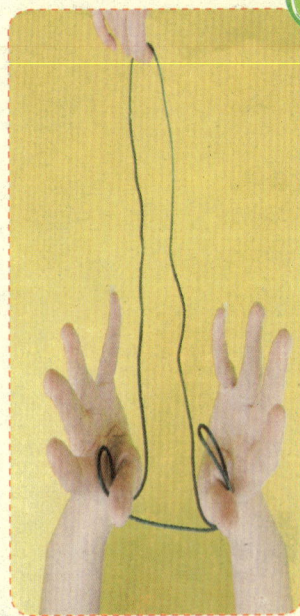

10 意想不到的事情发生了，咦？绳子竟然松开了！很吃惊吧？

螃蟹、花

不要小看八只脚，两只大眼睛，一个硬壳壳的小螃蟹，它会在你眨眼的时候，变成一朵美丽的小花，把眼睛睁大，别溜号，好戏刚刚开始。

难易度
⭐⭐⭐

人数：1人

趣味性
⭐⭐⭐

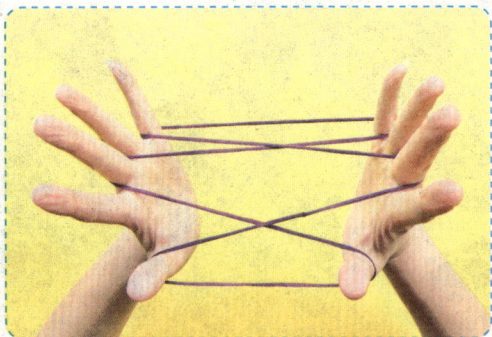

1 先做一个中指基本手势的步骤。

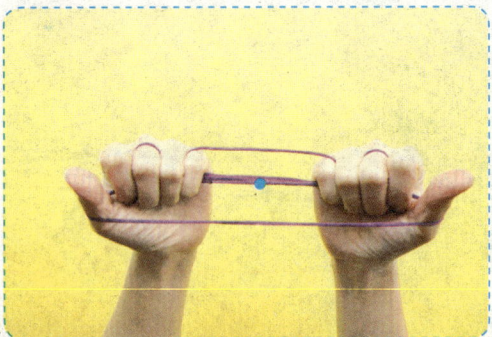

2 再用示指、中指、无名指、小指握住●绳。

3 然后将拇指上●绳子按→方向绕到示指、中指、无名指、小指的后面。

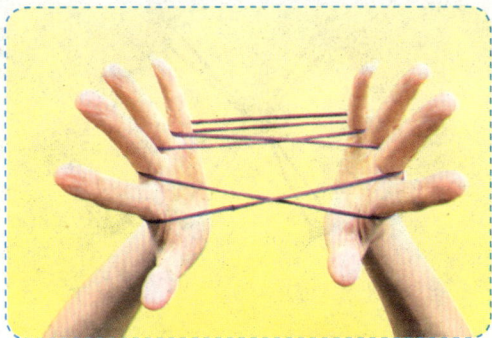

4 绳绕过后的形状。

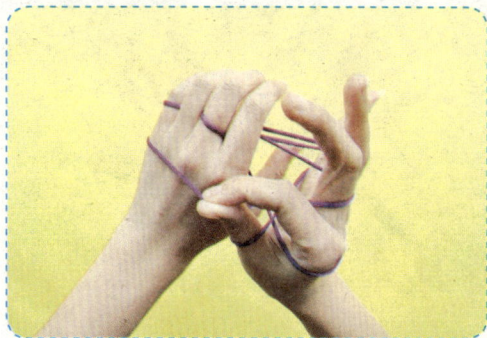

5 拇指压住●绳，用拇指指尖挑小指上的○绳。

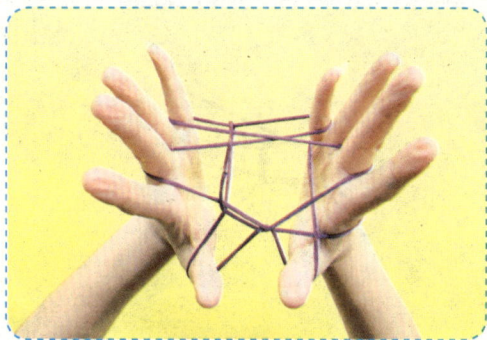

6 挑好后的样子。

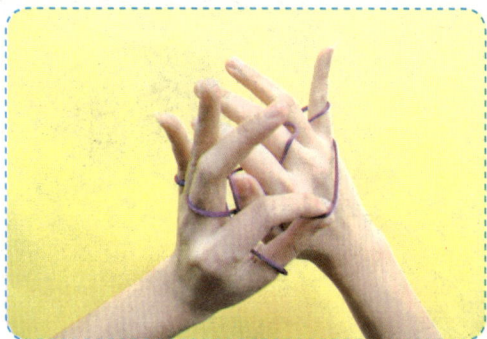

7 接下来用右手将左手背上的绳子松开。

8 左手绳子松开后的样子。

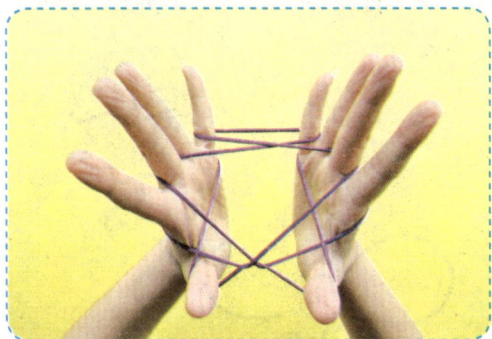

9 再用左手将右手背上的绳子松开。

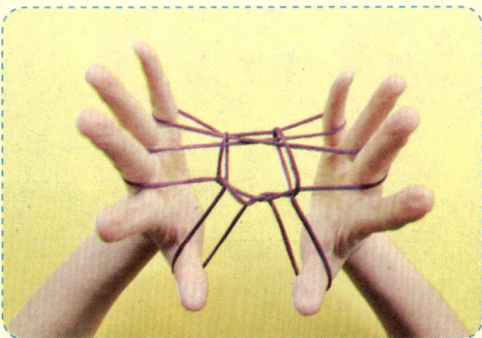

10 松开后的样子。

12 手指向两侧缓慢拉，将中间的绳子结成一个结。

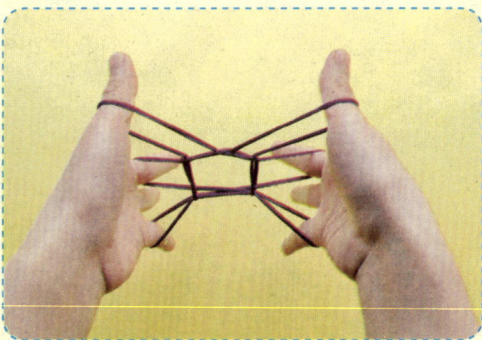

11 将手指转向前，八只脚的小螃蟹完成了。

13 把手中的绳子放到桌子上，整理一下，看到了吧！一朵美丽的小花出现了。

完成

别走开，变化还在继续……

完成

1 做好中指基本手势的步骤。

3 挑绳的过程。

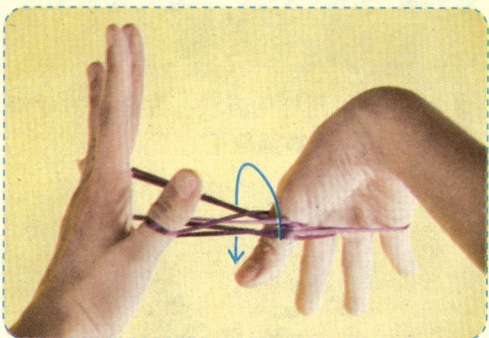

2 将右手的手掌向外旋转。右手按→方向旋转，用左手拇指将所有的绳子挑起来。

4 挑完后的形状。

灯笼、女孩、螃蟹、蝴蝶结

难易度 ★★☆☆

人数：1人

趣味性 ★★★☆

魔幻世界真奇妙，想成为像哈利波特一样具有魔法的人吗？那就跟我一起进入这所魔法学校吧！

5 挑完后准备用左手拇指取●绳子。

6 左手拇指由下往上取右手拇指上●绳。

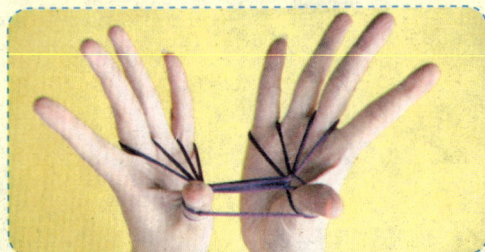

7 双手互相取完后的样子。

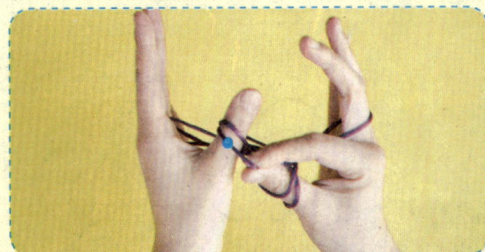

8 用右手拇指和示指将左手拇指上的●绳取下。

9 将取下的绳松开。

10 再用同样的方法，左手将右手拇指上的●绳取下。

11 再将取下来的绳松开。

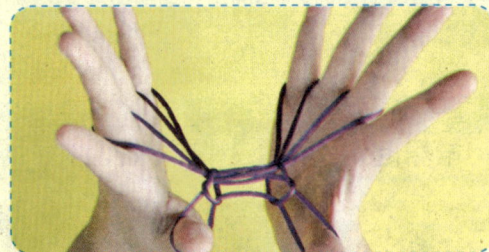

12 这时将手指张开。

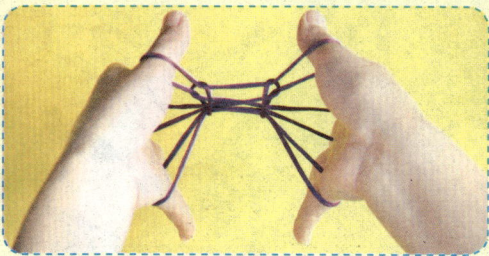

13 调整一下，是一只螃蟹。

完成

15 抽出手，将绳子放到桌子上，整理一下，Good！大红灯笼完成了。

完成

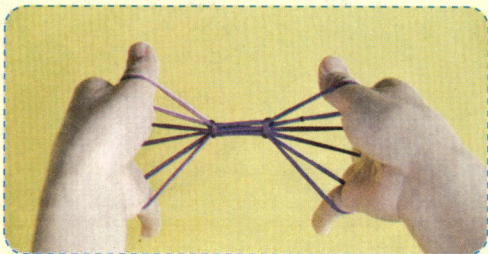

14 还没有结束。轻轻地拉下绳子，使绳子中间没有空隙，看到了吗？一个漂亮的蝴蝶结。

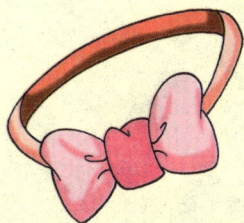

完成

16 继续调整，将最下面的一根绳拉下，看！梳着小辫的小女孩子。

完成

小乌龟、战斗机

电影《变形金刚》风靡一时，今天我们就用手中的绳做一回强悍的变形金刚吧！

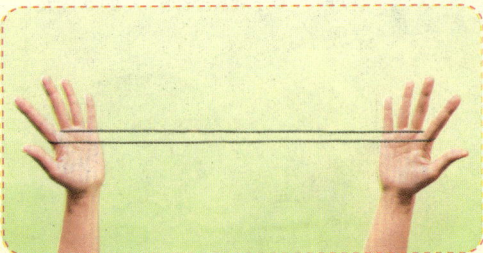

1 首先把绳子挂在双手示指上。

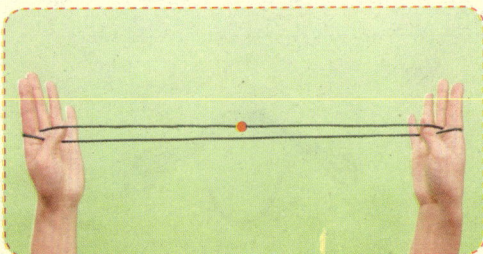

2 双手拇指将●绳取过来。

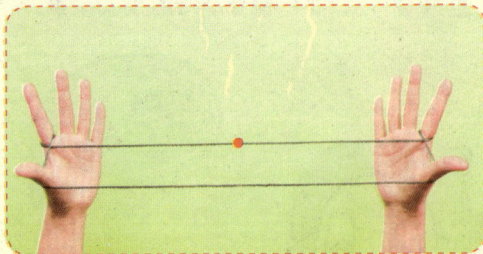

3 再用小指将●绳取过来。

4 准备将左右手示指上的绳子交换。

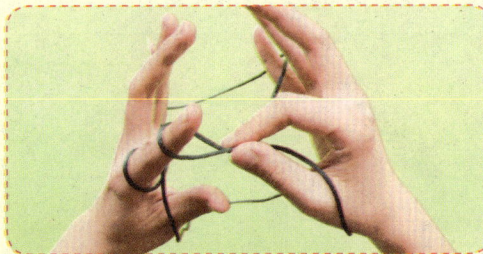

5 首先用左手取下右手示指上的圈圈，套在左手的示指上。

6 同样的方法，取下左手上的圈圈，之后越过刚刚套上的圈圈。

7 将刚刚取下的圈圈再套在右手的示指上。

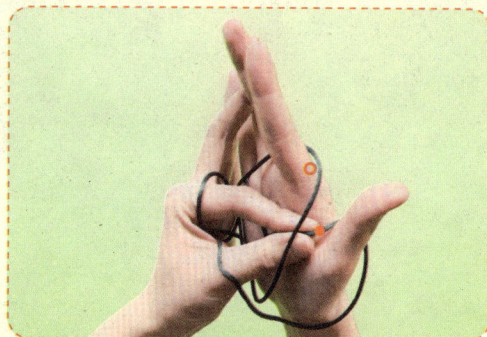

10 从〇绳底部穿过，将右手拇指上●绳慢慢取下来。

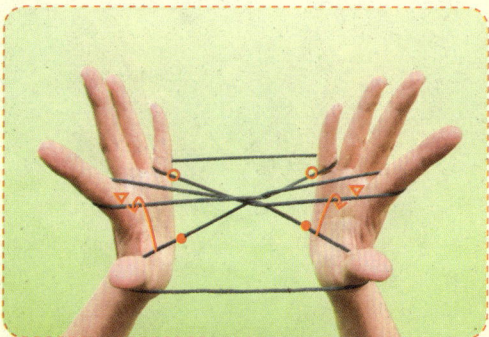

8 圈圈套完后就变成这样子了。准备将●〇绳从▽中按→方向取过来。再将取出的绳子套回原来的手指上。

11 再从▽中拉出来。

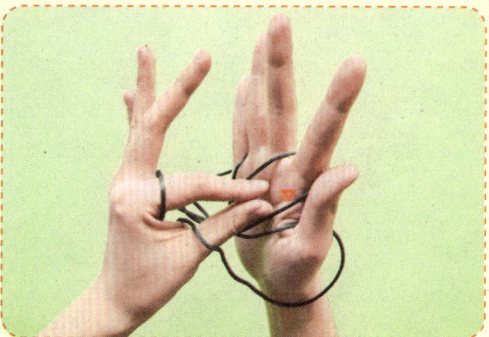

9 首先将手指插入▽中。

12 取的过程中注意不要将绳子扭曲。

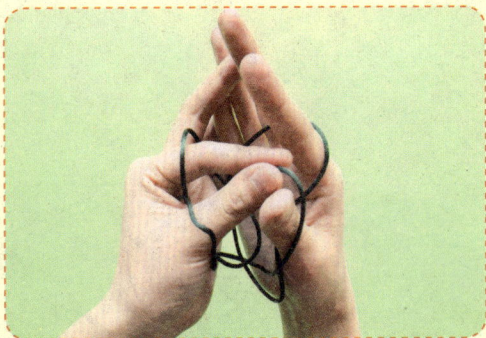

13 将取出来的绳子重新套在原来的拇指上。

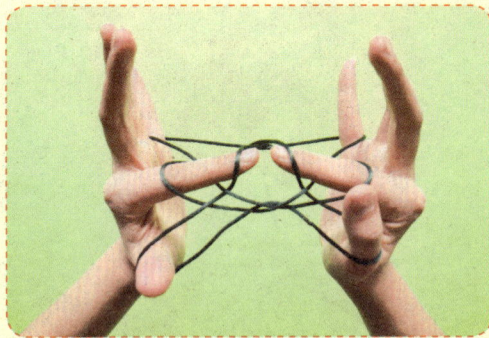

16 双手同时将绳子向上挑起。

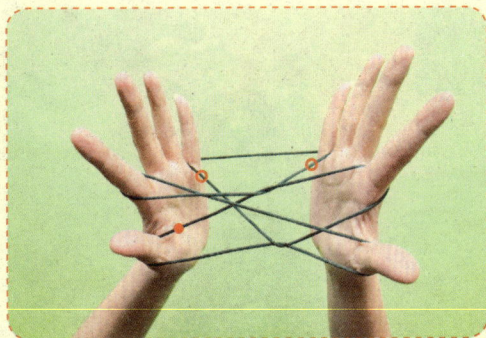

14 以同样的方法，将其他的●○绳放回原来的手指上。

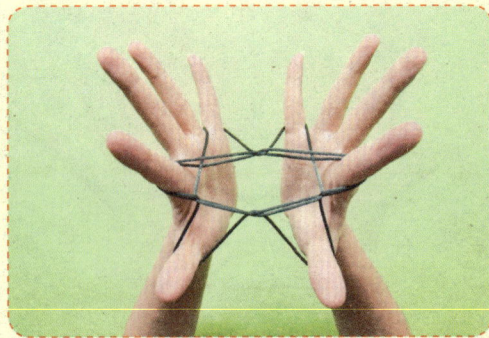

17 挑后的样子。

15 仔细检查一下喔！不然就功亏一篑了。接下来，准备用示指挑●绳。

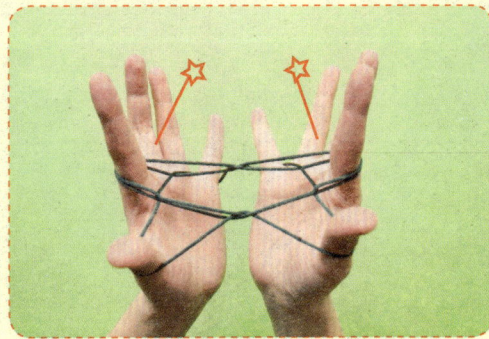

18 还剩最后两步了，小心地将示指上的☆绳松开。

19 先用右手的拇指和示指捏住☆绳。

20 将捏住的绳慢慢地从示指上取下来，松开。

21 用同样的方法将右手上☆绳松开。

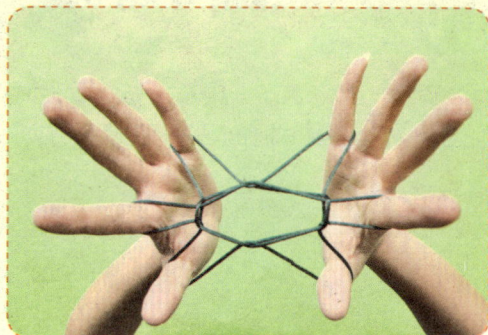

22 最后将示指的绳子左右整理，哇！小乌龟爬过来了。

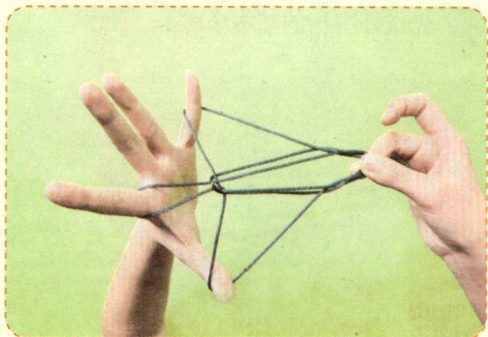

完成

23 将挂在右手小指、示指、拇指上的绳子取下，用右手将绳拉直，小乌龟就像变形金刚一样，变成了一架战斗机。

完成

变化多又多

想成为动画片中功夫高强的忍者神龟吗？那就快来测试一下自己的本领吧！

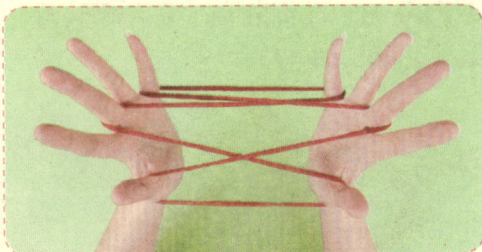

1 先做好中指的基本步骤。

2 首先，用小指取●绳。

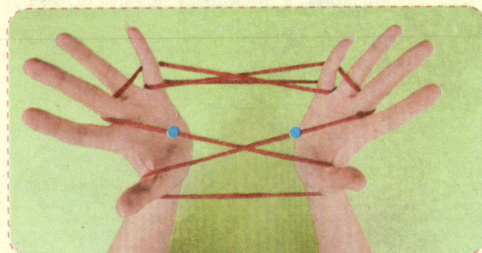

3 然后，用再用拇指取●绳。

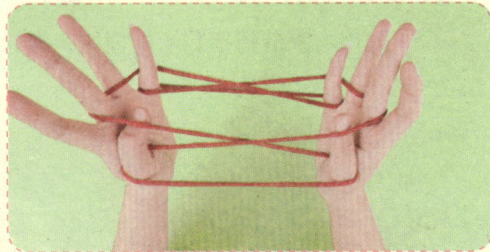

4 拇指取绳的过程。

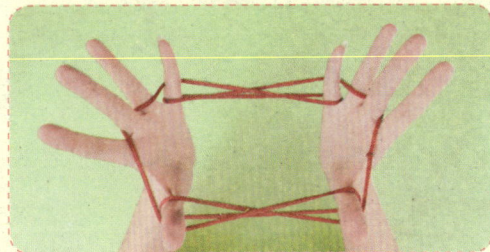

5 这是取后的形状。

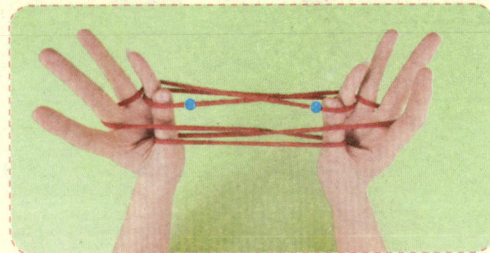

6 接下来，再用拇指取小指●绳。

7 取完后双手中间形成一个"×"。

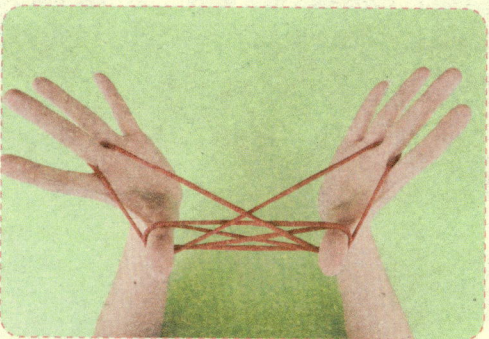

8 松开小指上所有的绳子。

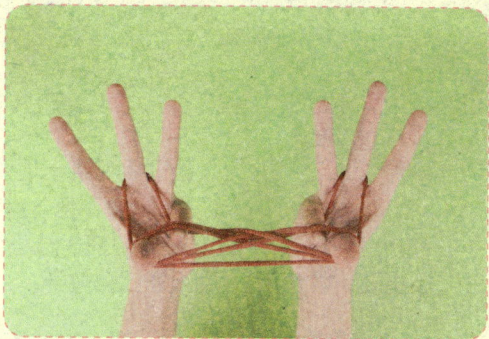

9 再用小指将●两根绳子同时取过去。

10 取后的形状。

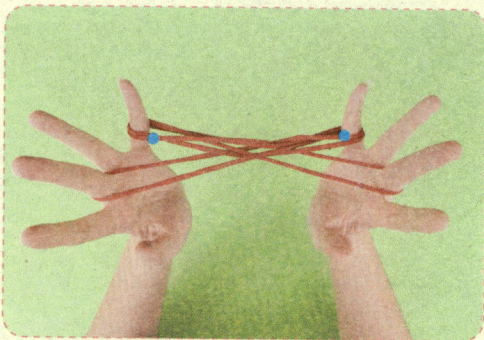

11 松开拇指的绳子，再用双手拇指挑起●绳。

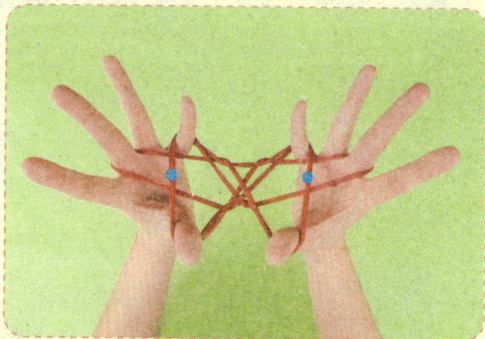

12 用双手的中指将对面●绳挑起来。

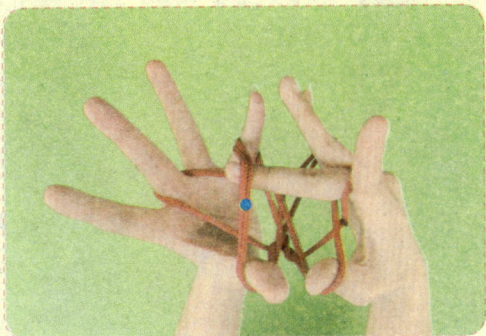

13 用右手中指挑左手上的●绳。

14 同样方法用左手中指挑右手上的●绳。

15 挑完后就变成这样子。接下来准备将绳☆松开。

16 首先用右手将左手中指的绳松开。

17 同样松开右手中指上的绳。

18 松开后观察一下，看看，像不像一座高架桥呀？注意小指要钩住绳子，否则绳子就会散开。

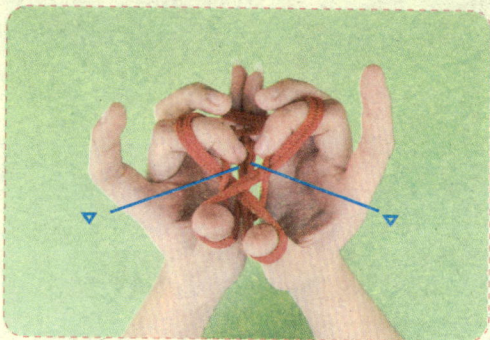

19 双手的中指弯曲插入▽里。

21 松开中指上的绳子。

20 将中指钩住的绳子左右拉开。看像不像一只可爱的小乌龟?

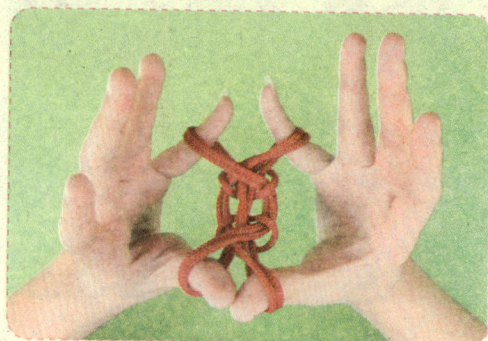

22 双手左右慢慢拉开乌龟要游走了。

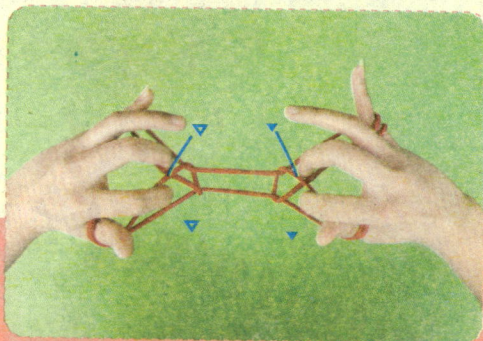

完成

将双手的示指和中指分别插入▽和▼里。

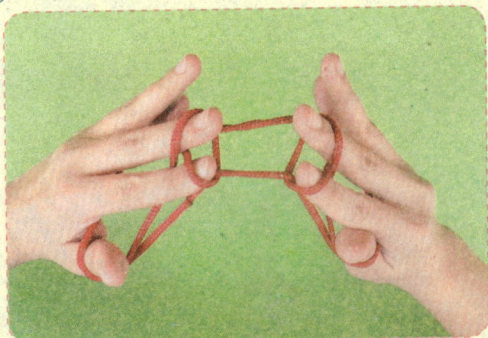

24 用指尖向上挑起来。

26 试试它的弹力吧!

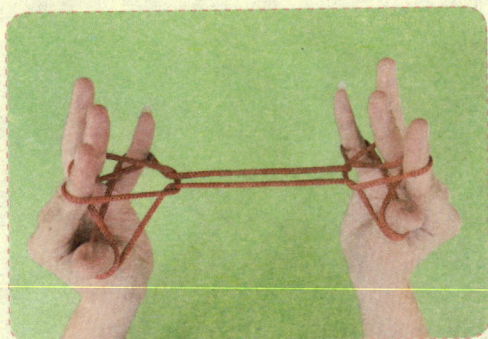

25 太棒了,一根皮筋又完成了耶!

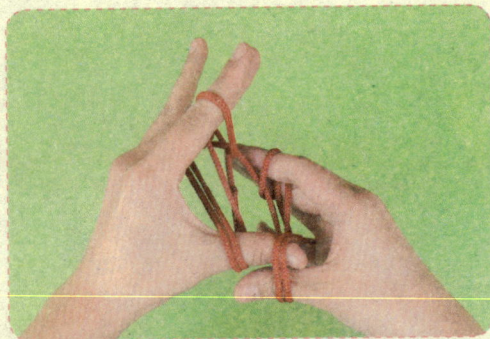

完成

27 完成皮筋之后,我们还要继续。将左手的拇指插入右手拇指的绳子里,挑右手拇指上的绳子。

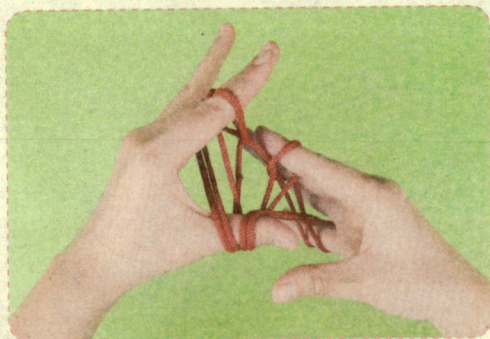

28 将挑下来的绳子再套在左手拇指上。

29 再将左手小指同27、28步一样，左手小指挑右手小指上的两根绳子。看起为比较复杂，但实际操作却很简单。

32 接下来用左手中指和示指指尖挑右手中指和示指上的绳。

30 挑下来的绳子再套在左手小指上。注意在挑绳子时不要将中指和示指上的绳脱落掉。

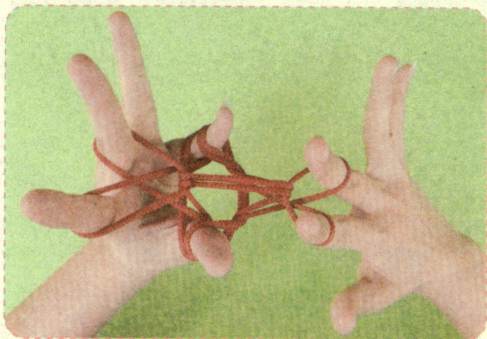

33 将挑下的绳套在左手的中指和示指上。

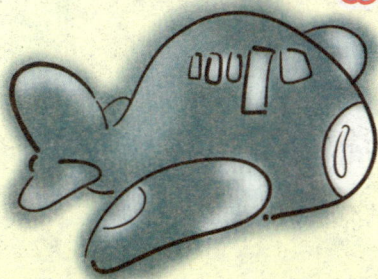

31 整理手中的绳子，并向两侧拉开，一架飞机正在空中飞行表演。飞机着陆，表演的太精彩了。

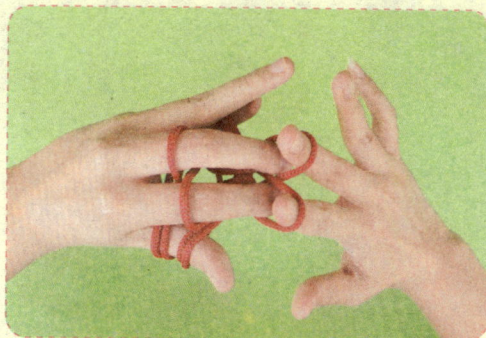

完成

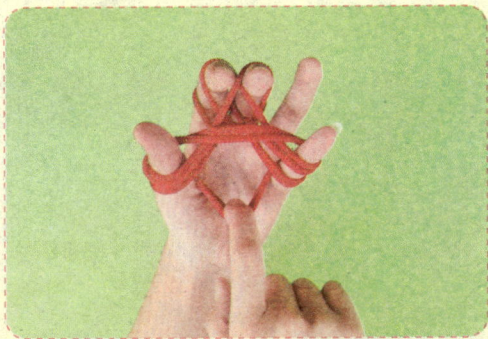

34 整理一下，一个仕女出现了。

完成

35 别急，我们的游戏还没有结束呢。接下来用右手将左手小指上的绳取下松开。

36 再将左手拇指的绳取下松开。

37 松开后整理一下。

38 让中指和示指中间的绳子自然垂下来，咦！是一个"汤匙"。变化无处不在，更神奇还在后面，接着做下去吧！看看还有什么意想不到的事情发生。

完成

完成

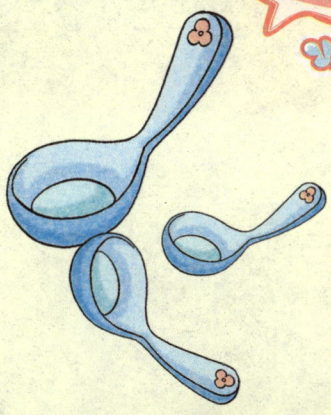

39 用右手捏住●绳。

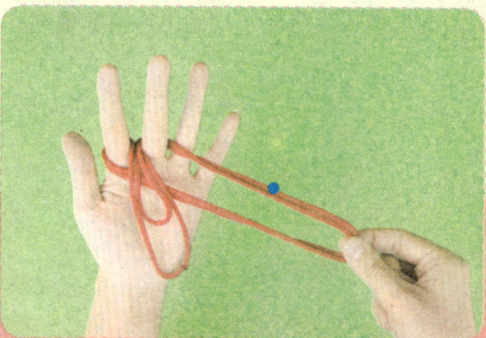

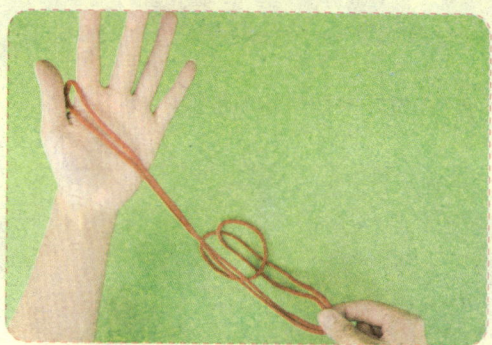

41 唰~"汤匙"不见了，左手上的绳子也解开了。感叹一下吧，"真神呀"！

将●绳往下拉。

单人挑战双人

都说人多力量大，凡事没有绝对，现在就让你见识一下，一个人是如何挑战双人的。

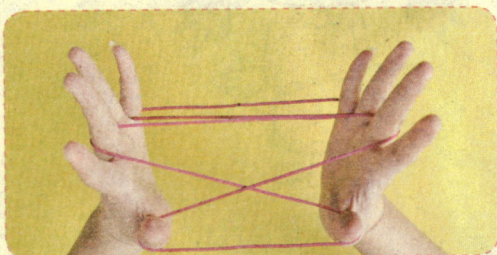

1 先做好中指的基本步骤。

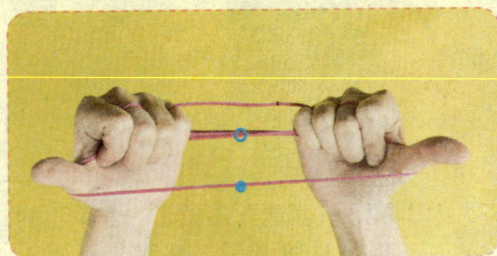

2 首先，用示指、中指、无名指、小指握住○绳，再用四指将●绳挑起。

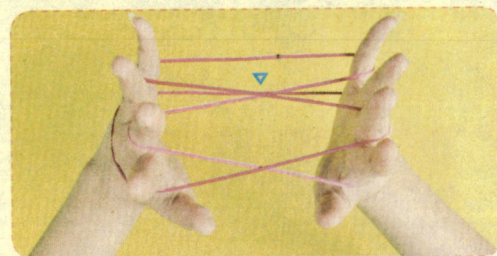

3 挑完后的样子。然后，把全部手指插入▽中。

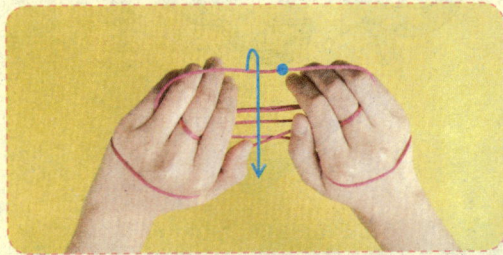

4 插入时将●绳放到手背上，手按→方向翻转。

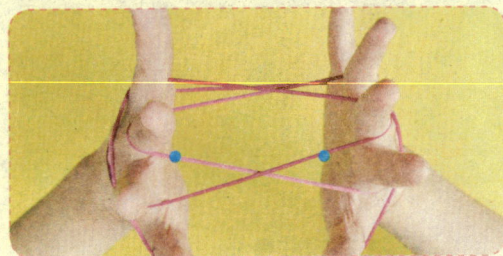

5 这是翻转后的样子。再用拇指取●绳。

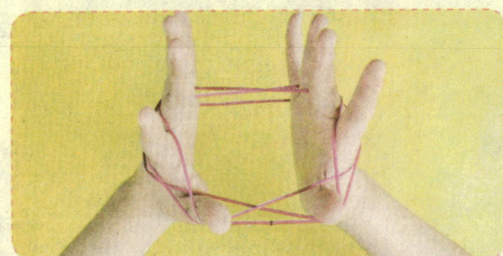

6 将小指、无名指和中指从绳中抽出来。

7 抽出来后的样子，是一片稻田呀！接下来，将松开左手的绳子。

完成

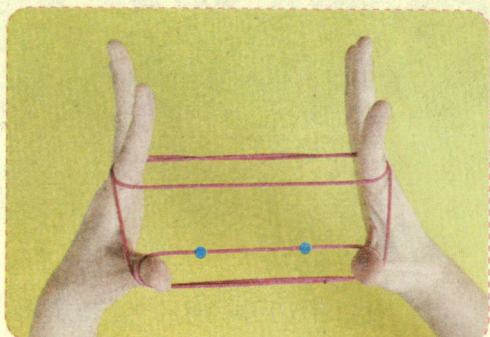

9 将插入的手指张开，就形成了小河。注意●绳的位置。

完成

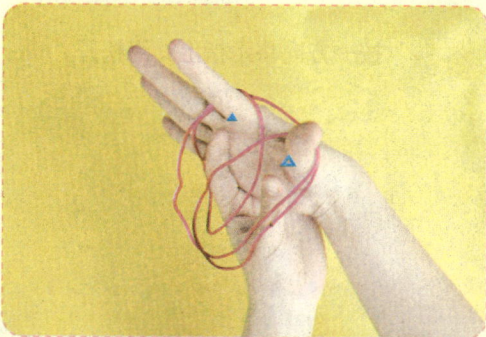

8 左手拇指和示指从绳下方分别插入△和▲中。插入时，由下往上将拇指插入△中，示指插入▲中。

10 现在用小指挑拇指上的●绳。

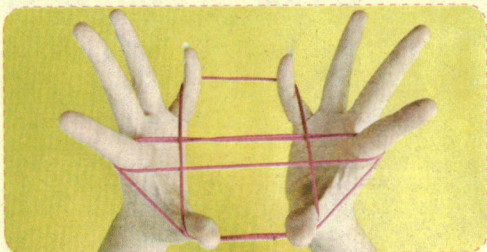

11 挑完后双手中间形成一个长方形。

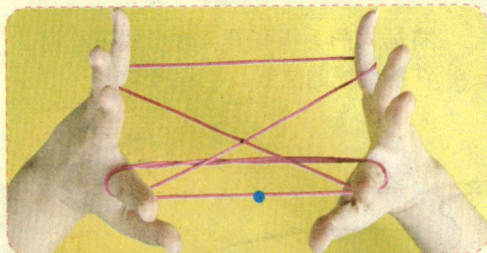

12 松开挂在拇指上的绳子，用拇指取●绳。

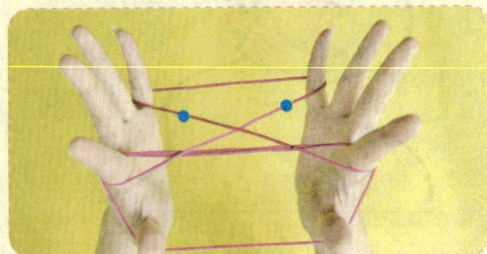

13 取完后的样子，再用拇指挑小指上●绳。

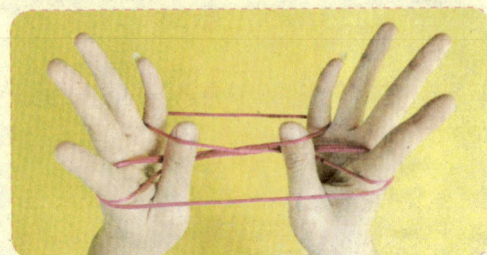

14 挑绳的过程。

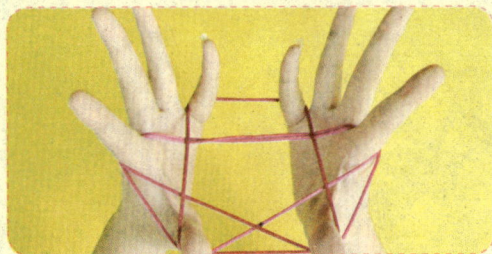

15 挑完后的形状。

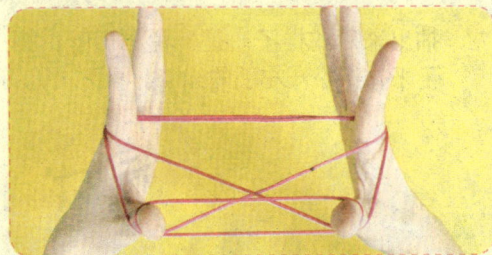

16 松开小指上的绳子。

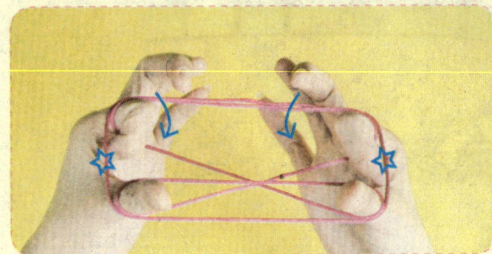

17 按→方向将示指上☆绳松开。

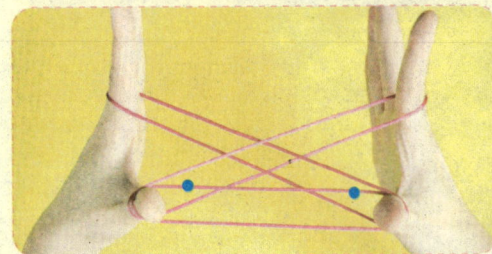

18 用示指挑拇指上●绳。

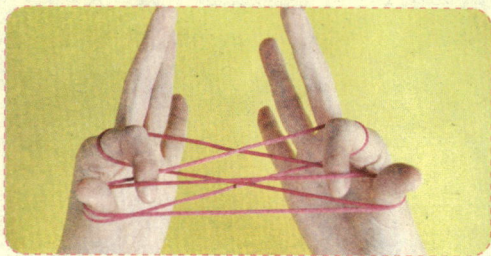

19 挑绳的过程。

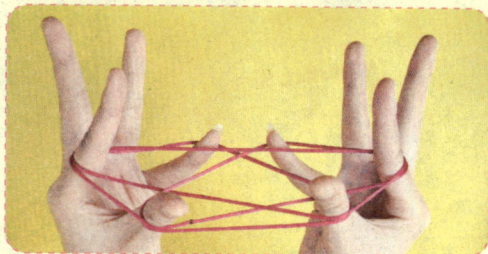

20 完成后又回到了第7步稻田。

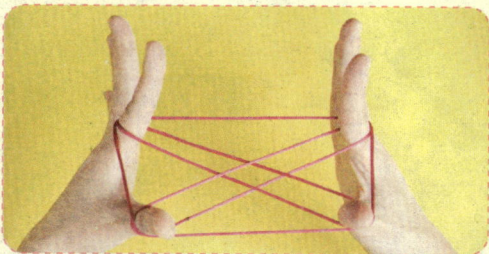

完成

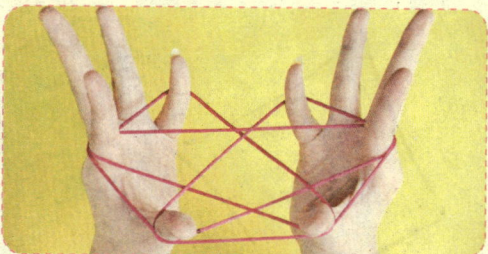

21 接下来，用小指从〇绳下方取●绳子。

22 取绳的过程。

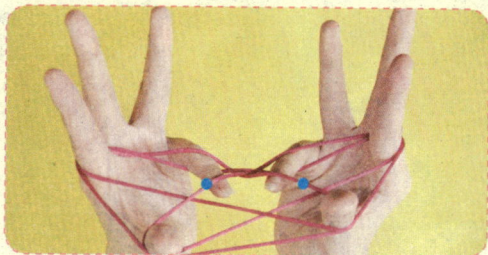

23 取完后的形状。

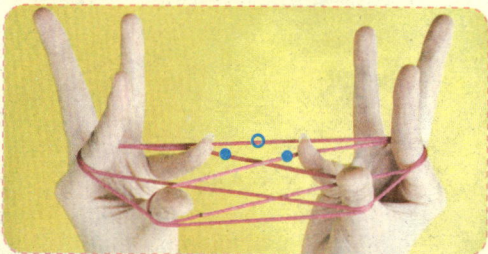

24 再用小指将●绳挑起来。

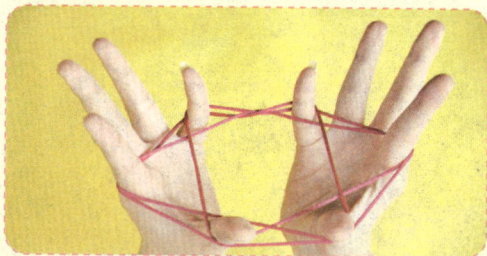

25 中间形成长方形。

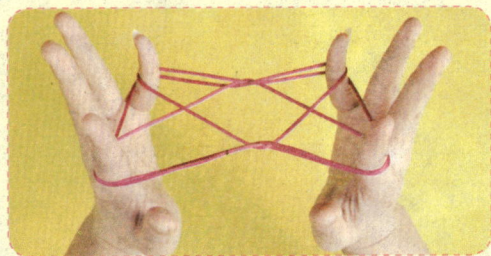

26 将挂在拇指上的绳子松开，一个大菱形出来了。

完成

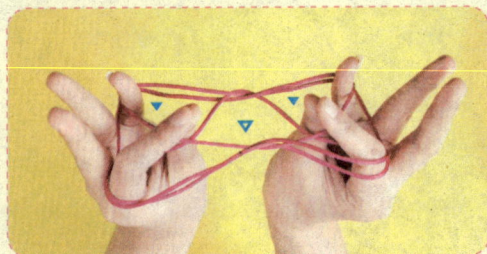

27 把拇指和示指在▼中捏到一起。从上往下插入▽中。

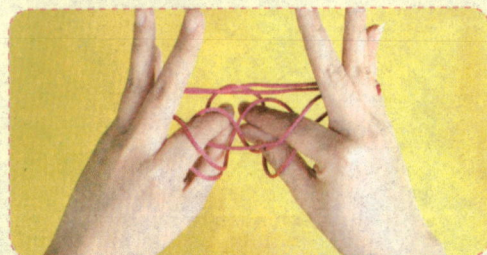

28 插入时要注意不要让其他手指上的绳脱落。

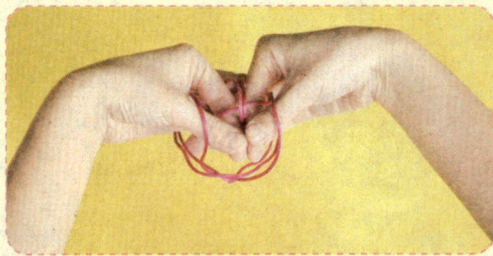

29 插入的过程要缓慢些。

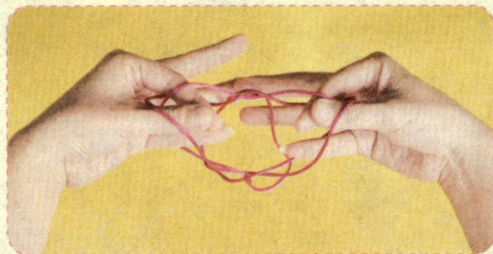

30 插入后手掌向自己身体的方向转动。

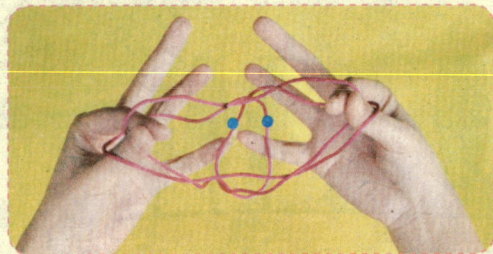

31 转过来后用小指挑●绳。

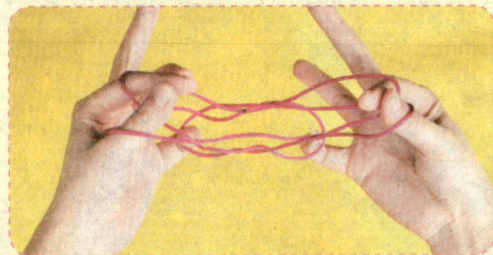

32 挑完后将绳抻直。

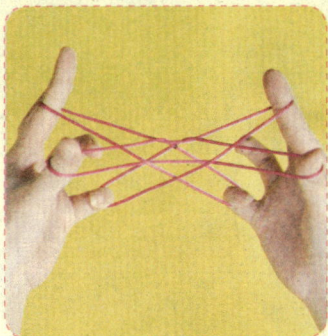

33 抻直后的样子。

35 接下来，用拇指挑示指上的●绳。

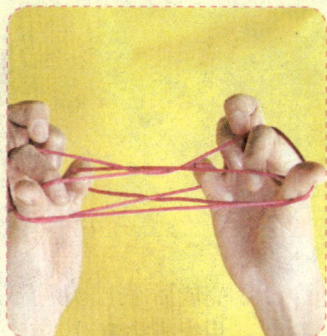

38 在插入过程小指要钩紧绳子防止滑落。

34 然后将中指、无名指、小指弯曲"朝鲜族长鼓"就形成了。

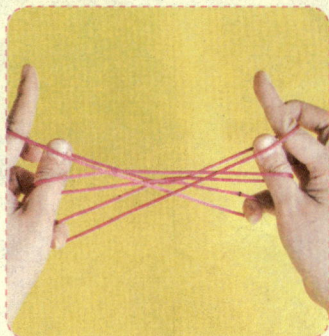

36 挑绳的过程。

39 再将示指向上挑绳，一个叉叉就被套在了框中。

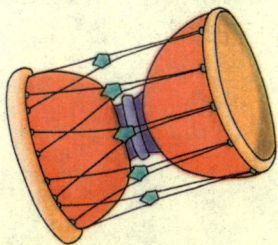

完成

37 挑完后就形成了这样。示指弯曲，插入▽中。

40 现在将●○绳套在双手手腕上，小指从中向上穿出。

41 完成后手上出现了两个大"✕"。
用拇指挑●绳。

42 挑完后的样子。

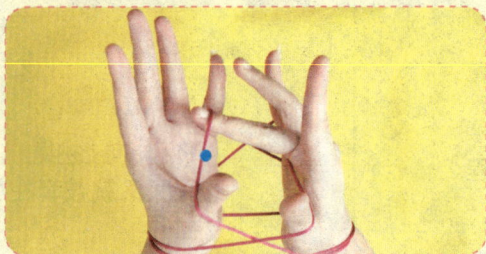

43 用右手中指挑左手无名指上的
●绳。

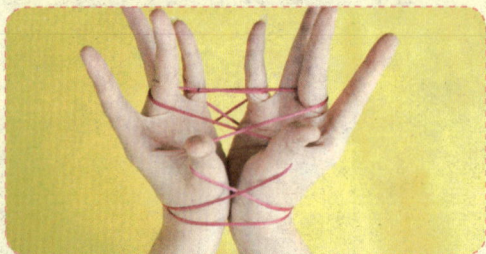

44 同样的方法用左手将右手中指上
的绳子挑下来。

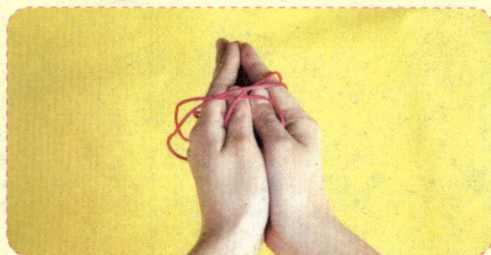

45 双手合并。

46 将手指垂下，这时手腕上的绳会
自然脱离。

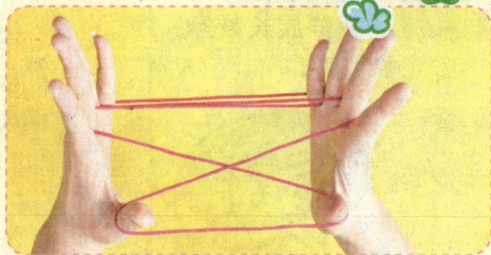

完成

47 绳子脱离后将手抬起，看，又回
到了第1步"中指基本手势"。

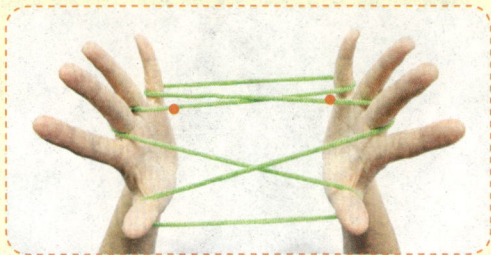

1 做好中指基本手势，然后挑●绳。

2 用拇指指背挑●绳。

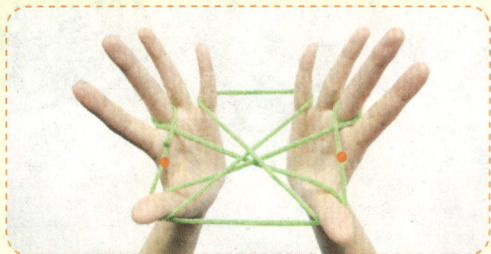

3 再用示指挑●绳。

4 先用右手示指取左手●绳。

5 将取到的绳子套在右手示指上。

6 再用左用示指取右手●绳。

落日、皇冠、仕女

这款游戏在太阳出现时不能用力拉绳子，否则就不会出现落日的景色了。

7 接下来准备松开☆绳。

11 松开绳的过程。

8 注意观察，用左手将右手拇指的☆绳捏住，从其他绳子上翻过后松开。

12 马上就要大功告成了。注意了，轻拉绳不要用力。

9 松开绳的过程。

完成

13 将手指指向前方，OK! 太阳落山啰！

10 同样方法，右手拇指捏住的☆绳从其他绳子上翻过后松开。

1. 将双手小指合并，太阳就会从云中出小脑袋。

2. 分离小指，太阳就会渐渐地落下。

3. 等太阳落下后，松开拇指上的绳子，再用拇指将●绳挑起。

4. 挑起后就变成了一个美丽的皇冠。

完成

5. 将皇冠轻轻放在平面上，调整一下，美丽的宫廷仕女出现了。

完成

鱼篓、吊带裙子

通过手上一个不经意的动作就能创造出许多东西来，只要你敢想，敢做，成功就属于你。

难易度
⭐⭐⭐⭐⭐

人数：1人

趣味性
⭐⭐⭐⭐⭐

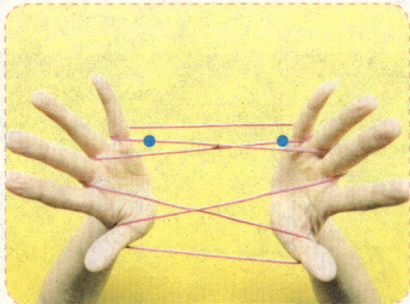

1

做好中指基本步骤。用拇指挑小指上●绳。

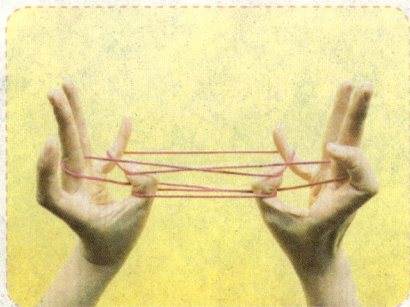

2

挑绳的过程。

3

挑完后从上面看是一个长方形。

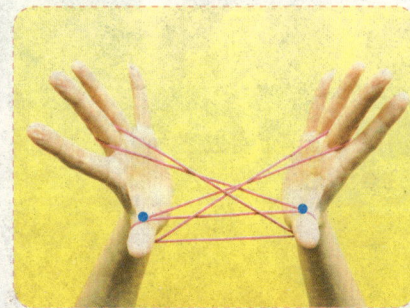

4

松开小指上的绳子。之后再用小指挑拇指上●绳。

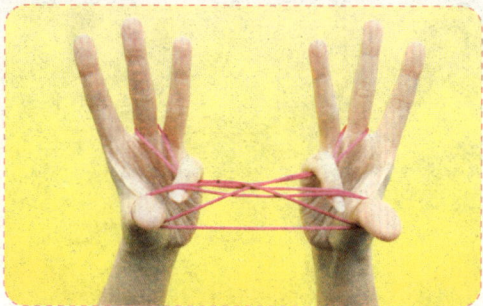

5 挑绳的过程。

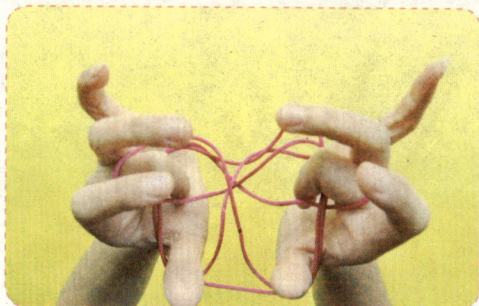

8 用插入的中指向左右两侧钩绳。

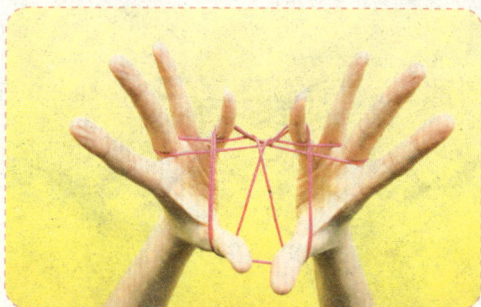

6 一个"人"字困在了长方形中。

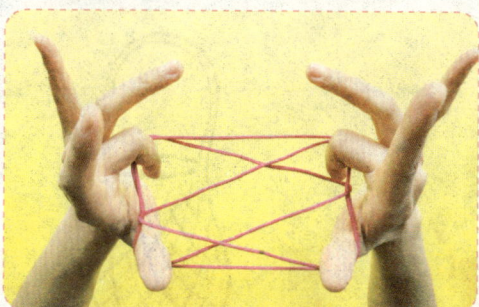

9 这时示指和小指上的绳自然脱落。

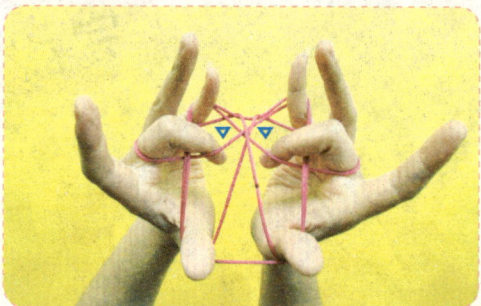

7 将中指插入▽中。

10 示指向上撑开钩完后就成这样形状。

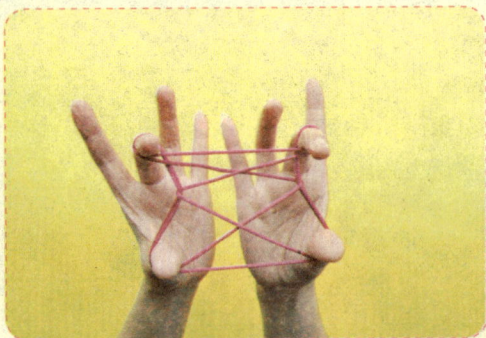

11 将手心转向自己。

14 在翻转的过程中，千万要小心，别让绳从中指上掉下来。

12 拇指和中指拉长绳子，鱼篓就完成了。

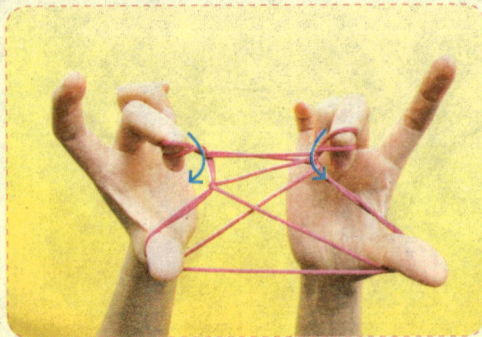

15 这时中指上的绳扭了一个圈。

13 接下来将套在中指上绳按→方向翻转。

16 将手心相对，一条时髦的吊带裙子完成了。

1 首先将绳挂在双手的示指上。

2 用左手的拇指指肚钩右手的绳。

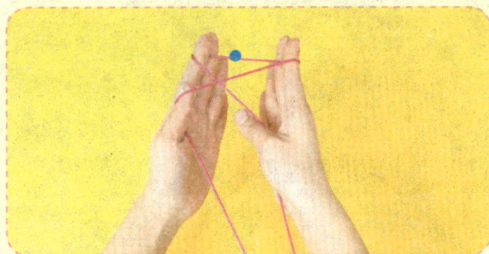

3 右手拇指钩左手上的●绳。

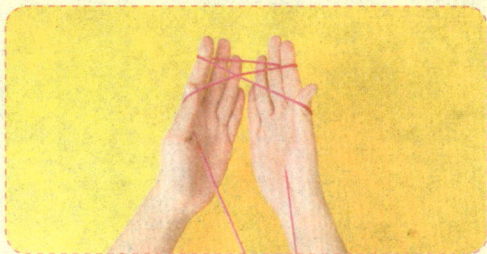

4 双手拇指钩完后将绳向左右抻开。

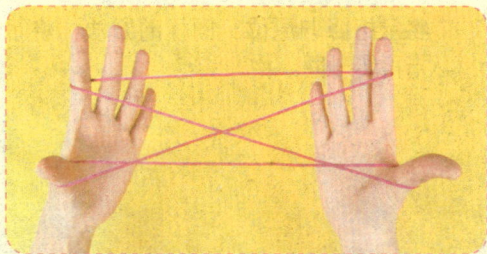

5 抻开后的样子。

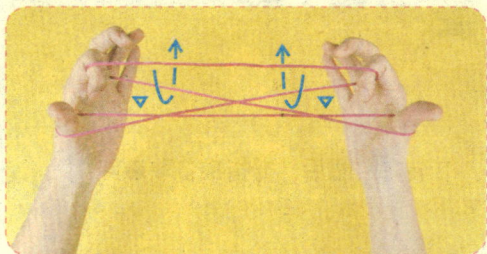

6 接下来，示指插入▽中按→方向转一圈。

难易度
★★★☆☆

人数：1人

趣味性
★★★☆☆

蝴蝶

"蛱蝶飞来过墙去，应疑春色在邻家。"蝴蝶，深受历朝历代文人墨客的喜爱。

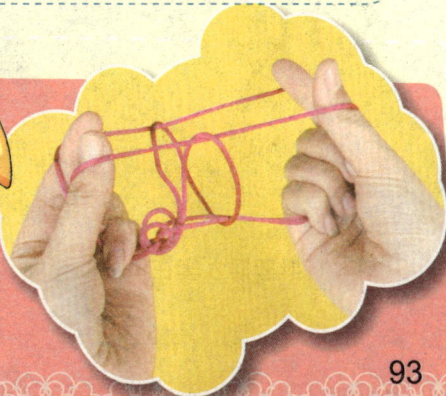

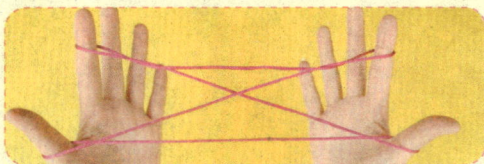

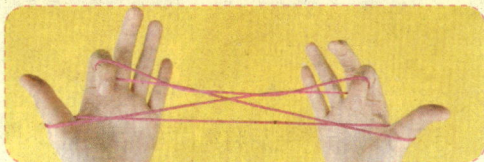

7 将示指回归原位。同样的方法，将示指再转一圈。

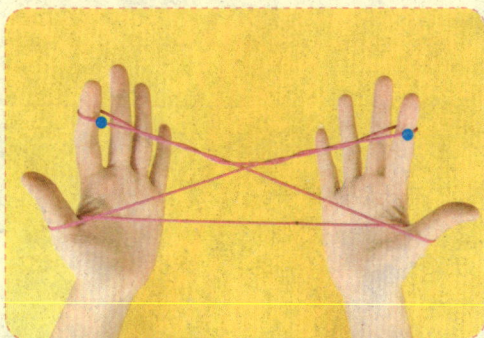

8 转完两圈后，拇指准备取●绳。

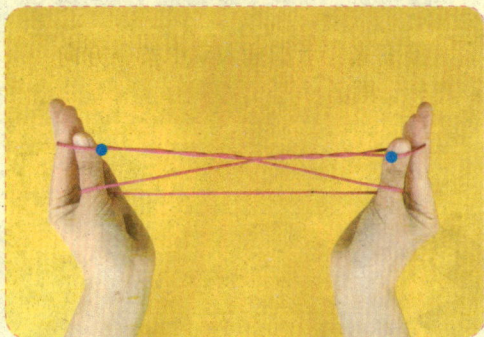

9 将拇指插入套在示指的绳中，取●绳。

10 取完后将绳子拉直再用中指取拇指外侧的●绳。

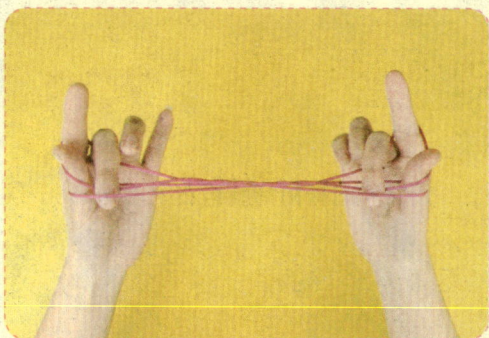

11 取绳的过程。

12 注意要用小指和无名指将其**他**绳子压住，中指指背将绳挑起。

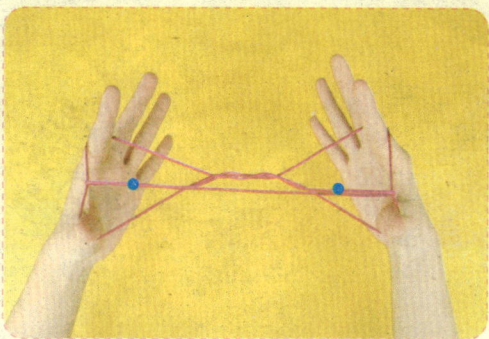

13 这时松开中指挑起的绳子，再用右手握住套在拇指上两条●绳。

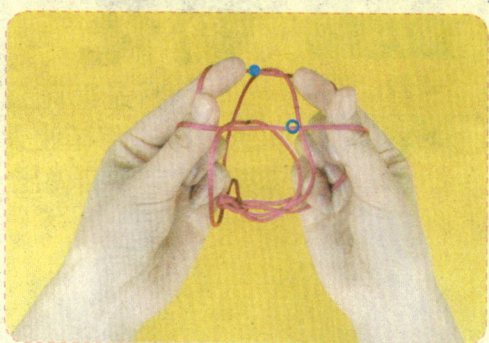

16 再用拇指和示指分别挑起●○绳子，其他手指在下面握住这两条绳子。

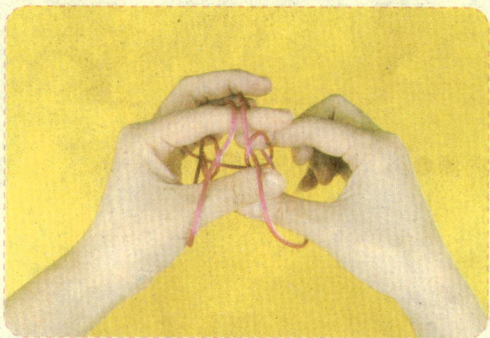

14 与此同时将右手上的绳子套在左手上。

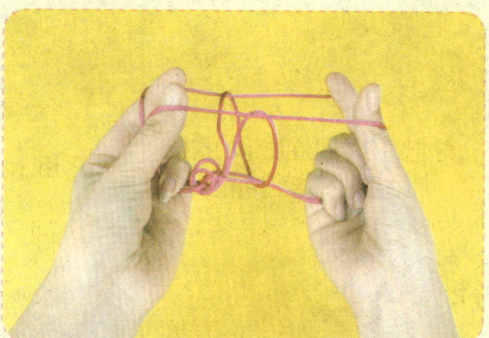

17 最后，将拇指和示指撑开，一只飞舞的蝴蝶就完成了。

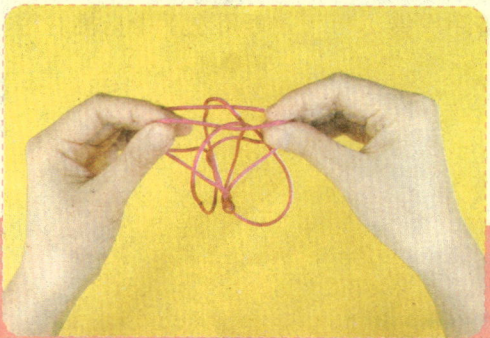

这时左手也同时握住套在示指上的两条绳子，就像这样。

完成

菊花

九月是菊花盛开的季节，各色各样的菊花让人目不暇接，如果喜欢就亲自做出一朵吧！

1 把绳分别挂在左手的拇指和右手的拇指、小指上。

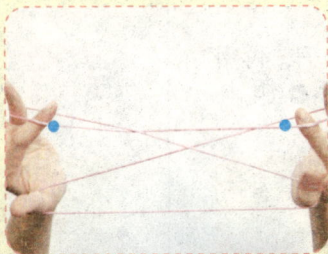

4 用示指挑小指内侧●绳。

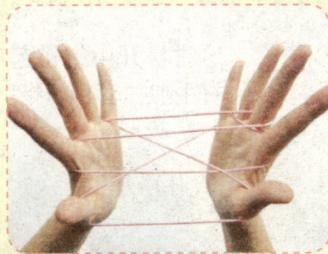

7 挑后的形状。

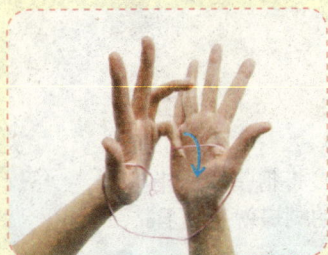

2 用左手小指按→方向钩右手掌心的绳子。

5 下一步，准备用中指挑●绳。

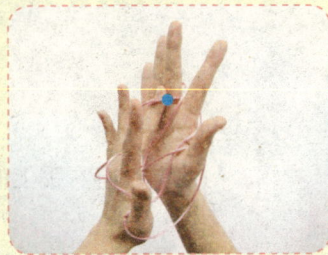

8 再用左手中指挑右手的●绳。

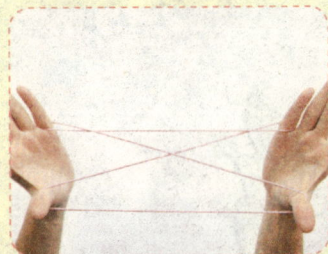

3 钩到的绳后的形状。

6 首先用右手中指挑左手的●绳。

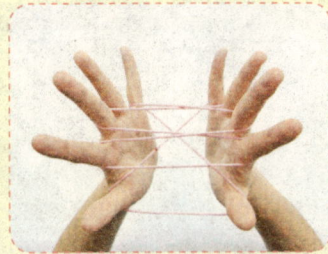

9 看，挑后的十个手指都挂有绳子。

96

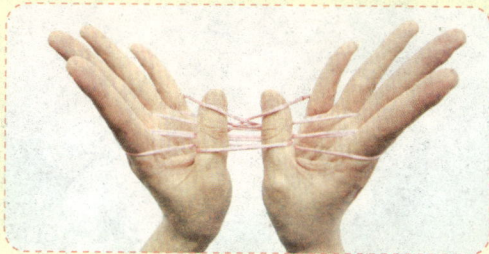

10 这时，用双手拇指去挑小指外侧的绳子。

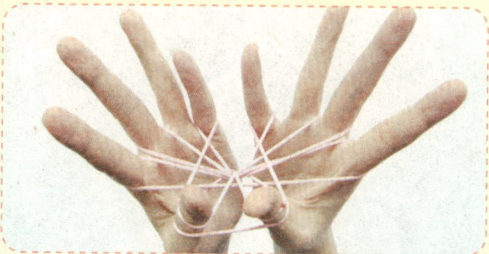

11 你做对了吗？

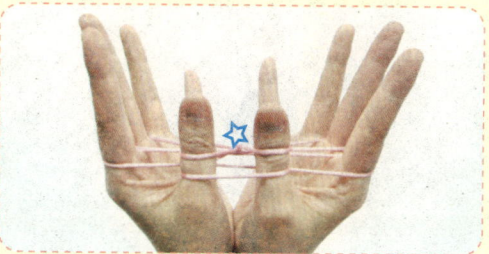

12 接下来，让我们慢慢地将拇指上☆绳子松开。

13 松开过程，此时不要着急，保持耐心。

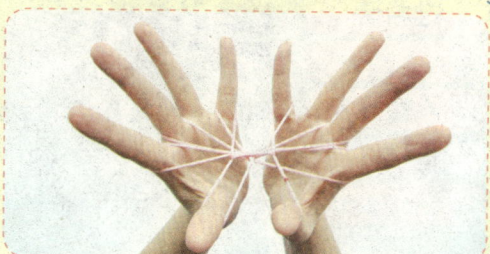

14 对照一下，上下活动手掌，慢慢地将绳子的结集在两手中央。

15 最后将双手手指向前方，菊花完成了。

完成

手帕

"丢，丢，丢手绢，轻轻地放到·····"还记得《丢手绢》的游戏吧，用手翻一条手帕一起玩吧！

1 做好中指的基本步骤。

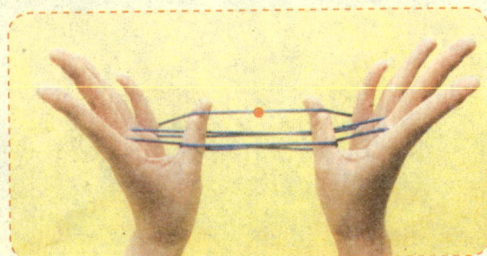

2 第一步用拇指压过其他绳将●绳挑过来。

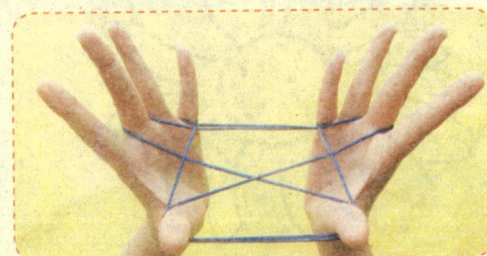

3 挑完后的形状。

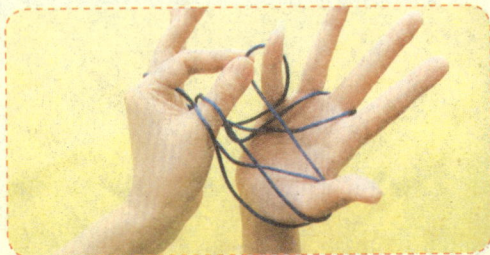

4 用左手将右手小指上的绳取下。

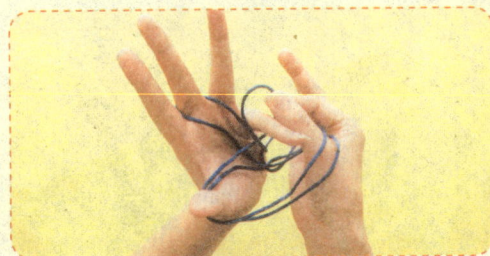

5 反过来用同样的方法将左手小指上的绳子取下。

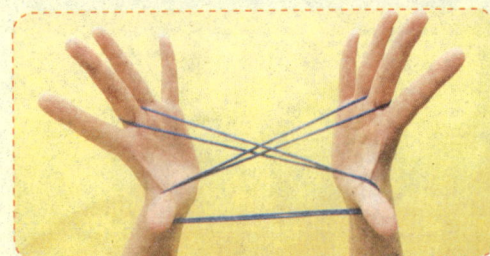

6 取下绳子后调整一下。

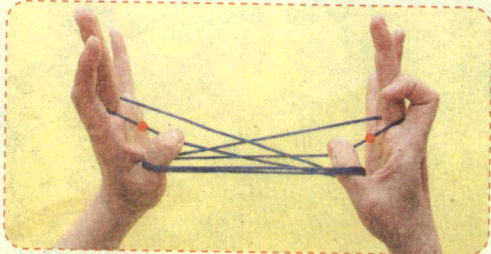

7 接下来是关键的一步，用拇指向下压住●绳。

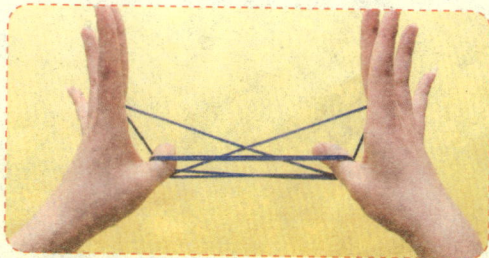

8 拇指弯曲，将绳钩住。

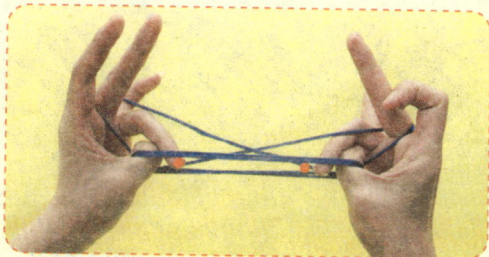

9 然后无名指插入●绳下面。

10 用中指和无名指将●绳夹住。注意▽的位置。

11 再把中指和无名指夹住的绳子向▽的位置推出，将挂在中指的绳脱落。

12 这时双手指向前方，手帕完成了。再看看，是否也像座山呢？

完成

云山雾绕

日本民间有多种翻山的方法。这是传来的其中一种，就用这种方法和大家一起走进大自然中，快点拿出准备好的装备吧！

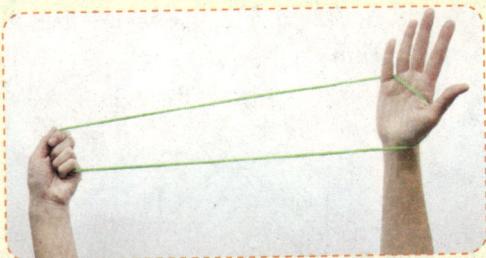

1 首先，将绳子套在右手的拇指和小指上，用左手抓住绳子的另一端。

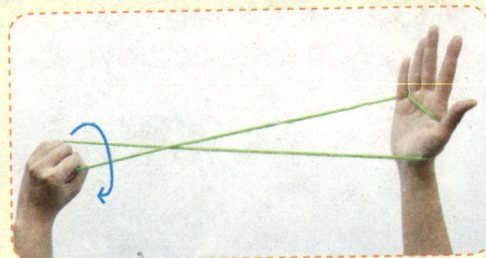

2 将左手向身体方向转动，使绳子交叉。

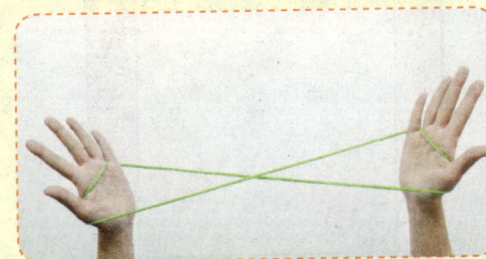

3 再将左手转动交叉的绳子套在拇指和小指上。

4 用右手中指挑左手掌上的绳子。

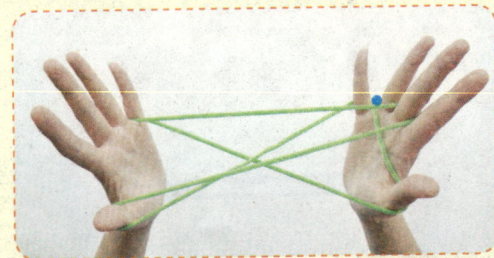

5 再用左手中指挑右手手掌上的●绳。

6 挑绳的过程。

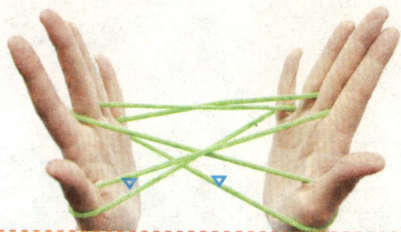

7 OK！就是这样。然后，将双手的示指、中指、无名指、小指插入▽里。

8 这时，将双手四个手指抬起，将●绳挑起。

9 在挑的过程中绳会自然绕到手背，拇指上的绳子脱离。

10 绳子脱离后的形状。

11 将手指指向前方。我们就要进入山里了，准备好了吗？

12 这时将双手拇指插入▽中。

13 撑开双手拇指，看到云遮雾绕的高山了吧！开始我们的旅程吧！

完成

两座小山丘

翻山游戏不仅方法简单而且花样繁多，多来自日本，也是日本最受欢迎一种翻绳游戏。

- 难易度
  ⭐☆☆☆
- 人数:1人
- 趣味性
  ⭐⭐☆☆

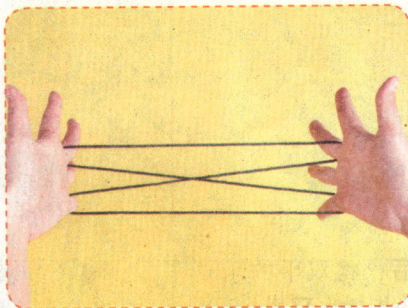

1

做好中指基本步骤后，将拇指上的绳松开。

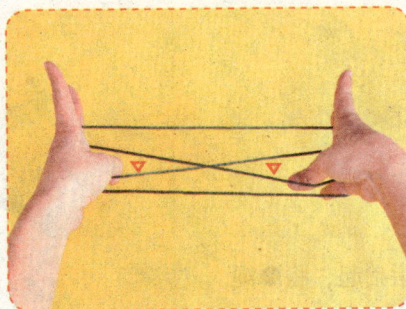

2

将手指指向前方，再把拇指插入▽中。

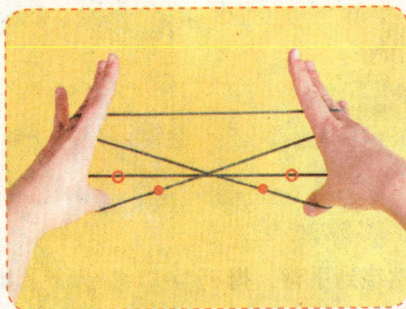

3

拇指避开○绳向下压●绳。

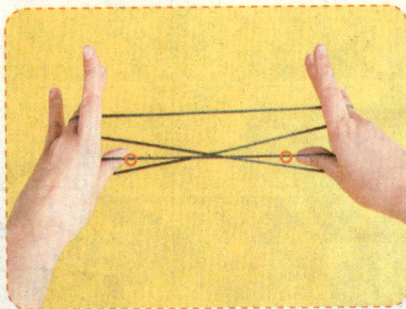

4

再用拇指将○绳挑起。

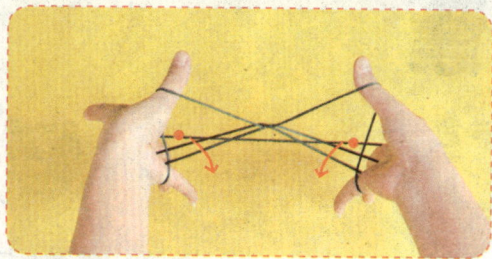

5 挑完后的形状。接下来用拇指将●绳按→方向避开其他绳子向下压。

9 挑绳的过程。

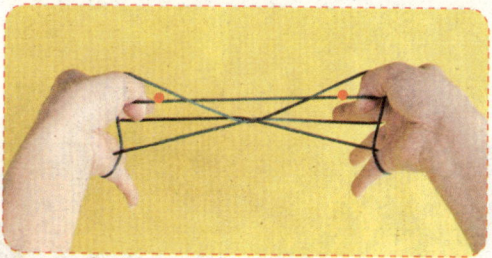

6 压●绳的过程。

10 将手指伸直，两座山丘就出现在我们面前了。

完成

7 看一座小山丘就出现了。

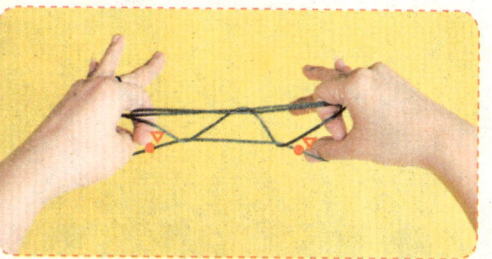

8 还差一座山丘呢！别着急，现在将示指插入▽中，将●绳用示指挑起来。

小孩、香蕉

翻香蕉步骤不多，重点放到第6步和8步。

1 做好中指基本步骤。注意●绳的位置。

4 挑绳的过程

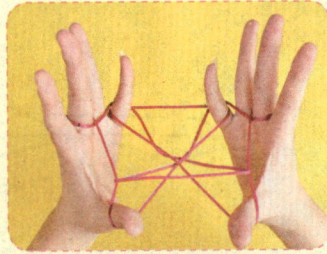

7 脱离后的样子。

2 用将拇指取小指上●绳。

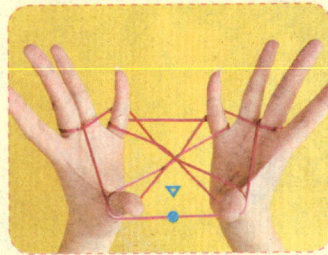

5 将拇指斜插入▽中。注意●绳的位置。

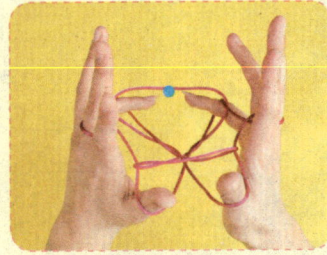

8 用6步同样的方法将小指上●绳脱离。

3 取完后成个正方形。小指将●绳挑起来。

6 当拇指插入时●绳子会自然从拇指上脱离。

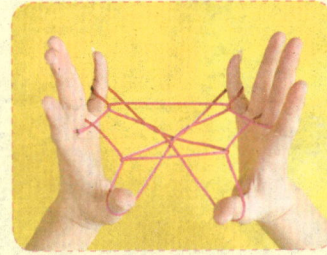

9 变成了这样的形状。

104

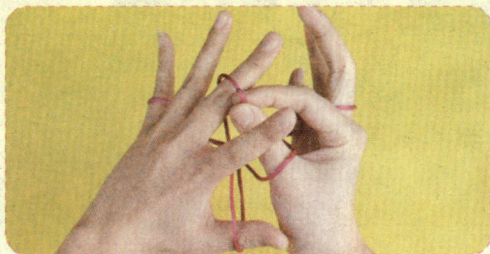

10 将左手中指上的绳松开。

14 松开后，双手向两侧抻拉，使绳子的中间打个结。

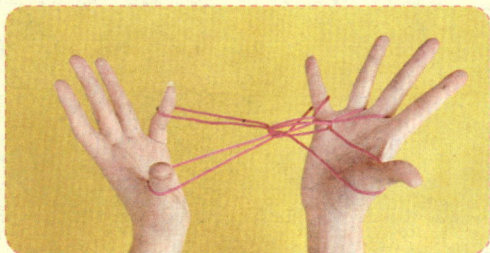

11 松开后将绳拉开。

15 然后，将手指上的绳子放在平面上，将四个圈叠在一起。

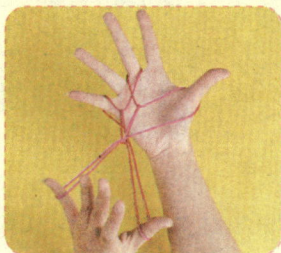

完成

12 一个小孩儿出现了。

16 剥香蕉皮啰！一串香蕉完成了。看看还像什么呢？

13 再用左手将右手中指上的绳取下松开。

完成

蜻蜓

蜻蜓是害虫的天敌，人类的朋友，也是世界上眼睛最多的一种昆虫。

1 用双手的拇指和小指将绳子钩住。

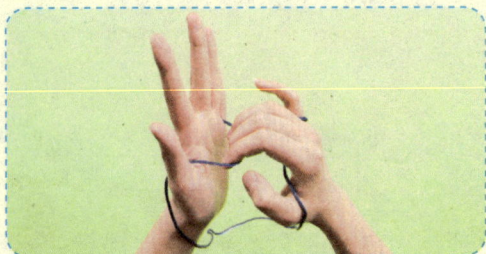

2 用右手的示指、中指和无名指钩取左手掌上的绳子。

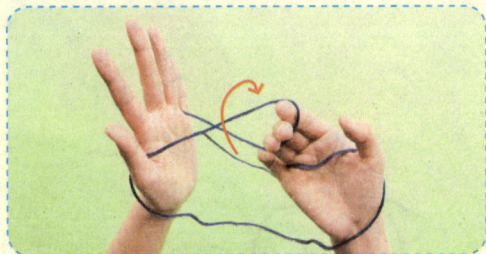

3 将取到的绳子按→方向向上扭转，使绳子交叉。

4 再将扭转后的绳子套在右手的示指、中指和无名指上。

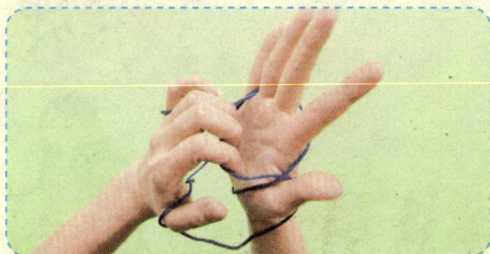

5 同样的方法，用左手的示指、中指和无名指钩取右手掌上的绳子。

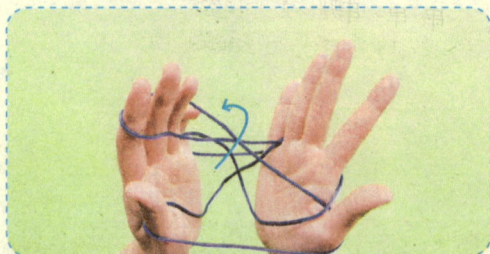

6 将取到的绳子按→方向向上扭转，使绳子交叉后套在左手的三根手指上。

7 完成后的形状。

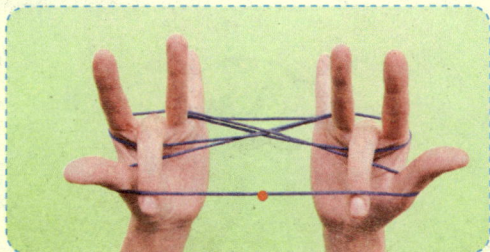

8 接下来用中指取拇指上的●绳。

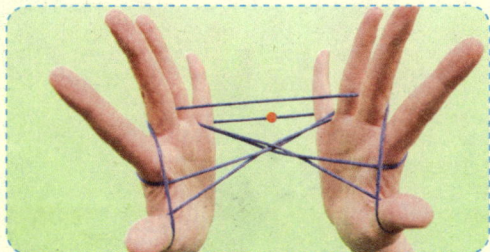

9 再用拇指钩小指外侧的●绳。

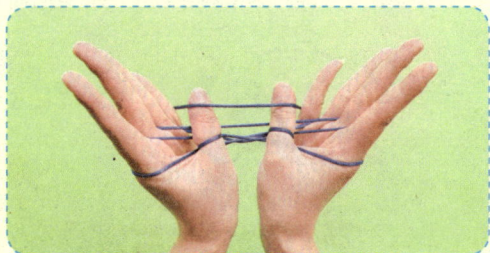

10 拇指钩取的过程。

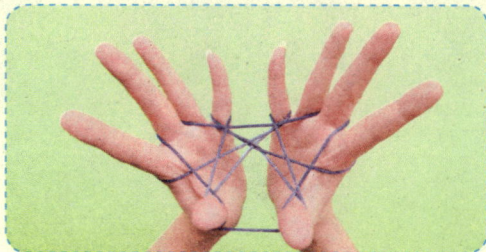

11 钩好后上面的形状。

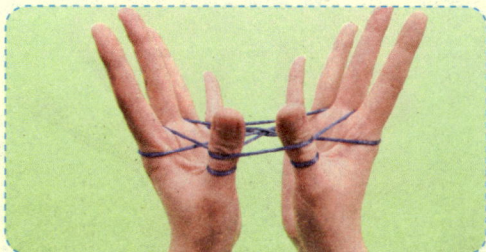

12 钩好后侧面的样子。

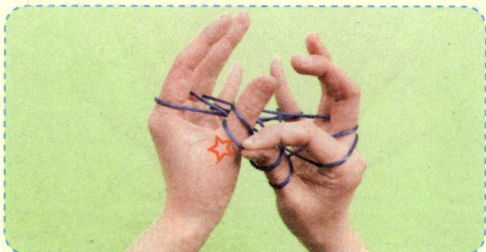

13 接下来把左手上拇指上的☆绳松开。

14 松开的过程。

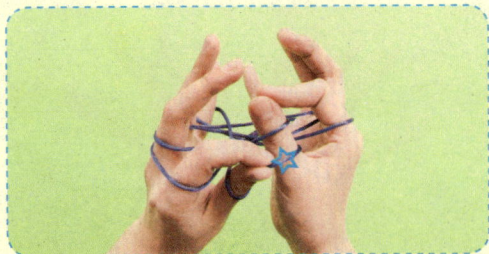

15 同上步骤一样，再将右手拇指的☆绳松开。

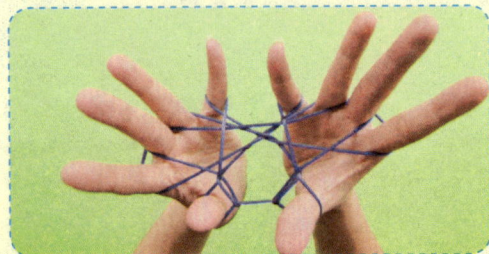

16 松开后的形状。

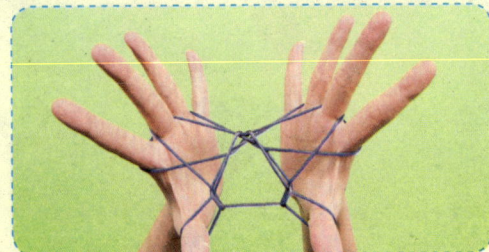

17 松开双手小指上的绳子。

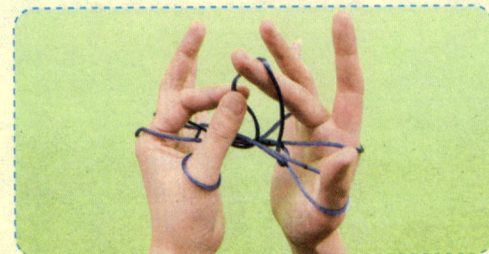

18 将左手中指上的绳子松开。

19 再将右手中指上的绳松开。

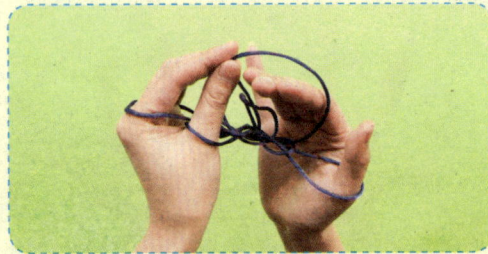

20 然后用左手将套在示指、中指和无名指上的绳子取下。

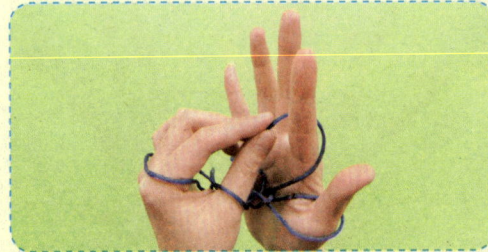

21 将取下来的绳挂在右手示指上。

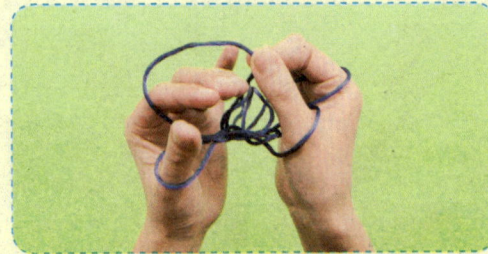

22 同样，用右手将套在示指、中指和无名指上的绳子取下。

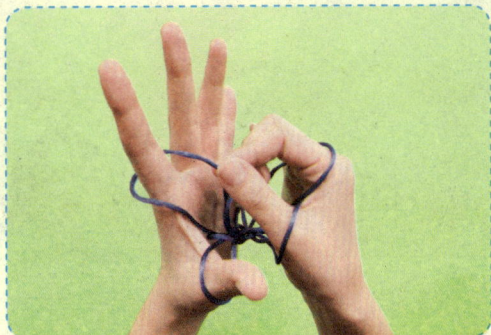

23 取下后再挂在右手中指上。

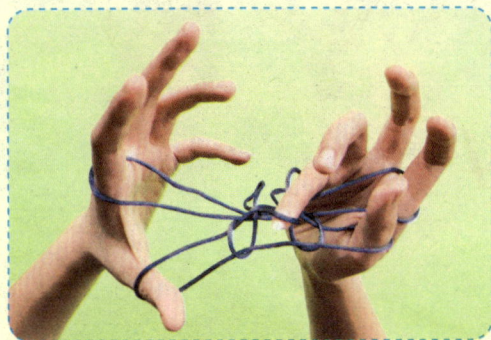

24 用小指慢慢地解开在中央缠绕的绳子。

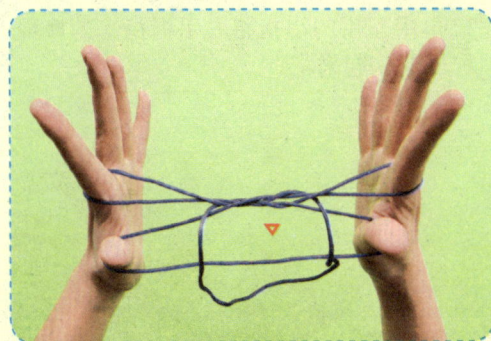

25 再将解开的绳子从▽中穿过。

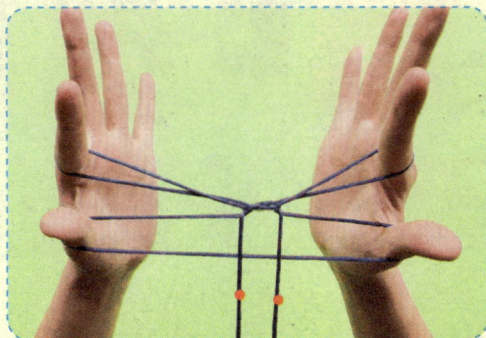

26 这时让你的嘴巴或请人帮忙，用嘴咬住穿过的●绳子。

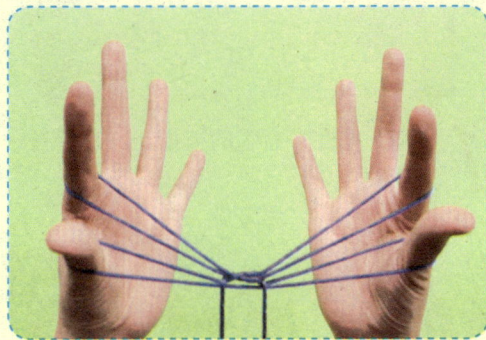

27 双手将绳子抻平，哇！一只"蜻蜓"完成了。

完成

很可爱吧！蜻蜓是益虫，我们要好好保护它呀！

蚊子、花

天气热了，蚊子来了。一场人蚊大战拉开了序幕。今天，就让我们用双手来为这场旷日持久的人蚊之战画上圆满的句号吧！

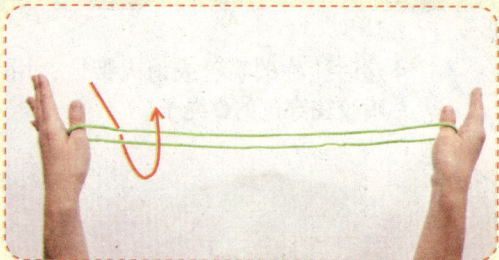

1 将绳子挂在左右手的拇指上。左手按→方向旋转。

2 左手按→的方向手掌相对，此时，将绳子套在手腕上。

3 用右手小指将左手手腕上的●绳钩起来。

4 钩起来后，两手手掌相对。

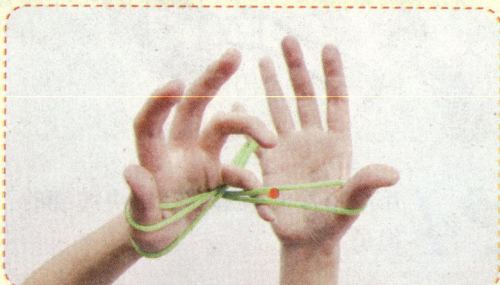

5 再用左手的小指将右手拇指上的●绳一起钩起来。

6 钩下来后的样子，做对了吗？

教你玩 JIAONIWAN

7 接下来小心地把挂在左手背上的 ☆绳松开。

8 松开的过程。

9 松开后将两手向两侧拉紧，OK！ "小蚊子"出来了。"嗡嗡"，好吵啊！

完成

玩法一：

"啪"

1. 双手"啪"的一声拍击。

2. 随着拍击小蚊子被消灭了，真奇怪？原来秘密就在于拍手的同时迅速将双手小指上的绳子松开，"小蚊子"就不见了。

玩法二：

1. 将完成的"小蚊子"慢慢地放在平面上。

2. 整理一下松开的绳子，看！"小蚊子"变成了一朵小花。

闪闪的星星

喜欢夜空中闪闪发亮的星星吗？那就跟我一起摘一颗吧！

难易度
⭐⭐☆☆

人数:1人

趣味性
⭐⭐⭐☆

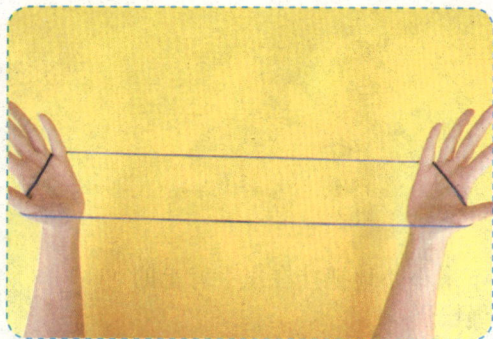

1 首先将绳子挂在拇指和小指上。

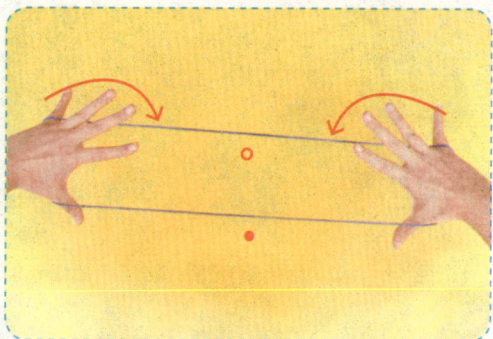

2 双手朝下，按→方向旋转手掌●绳和○绳，随着手的翻转●绳和○绳自然套在小指和拇指上。

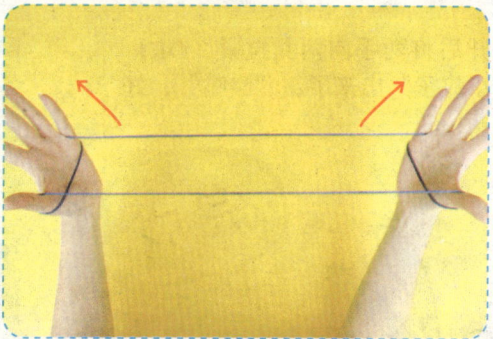

3 之后双手按→方向向上翻转手掌，接下来双准备用中指取对方掌心的绳子。

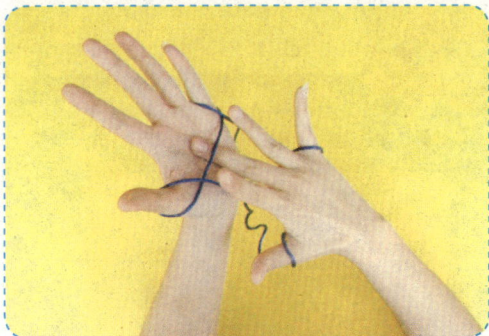

4 首先用右手中指取左手掌上的绳子。

7 用拇指穿过套在中指上的绳子，从下方取小指内侧的绳子。

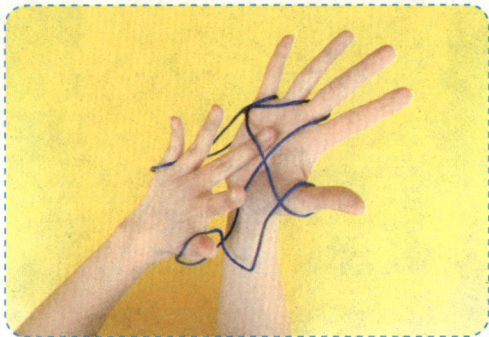

5 再用左手中指取右手掌上的绳子。

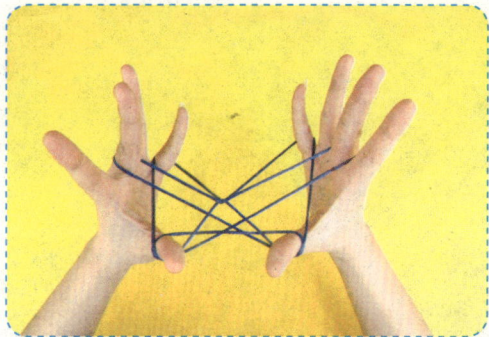

8 取完后的样子。

6 相互取完后将绳子拉直。之后再用拇指取小手指内侧的绳子。

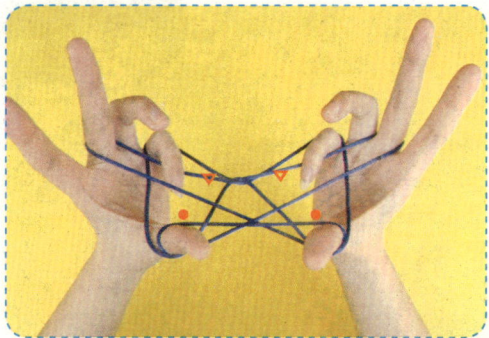

9 双手小指插入▽里，准备从下面取出●绳。

10 用无名指和小指夹住要取的绳子，慢慢的将绳子取出来。

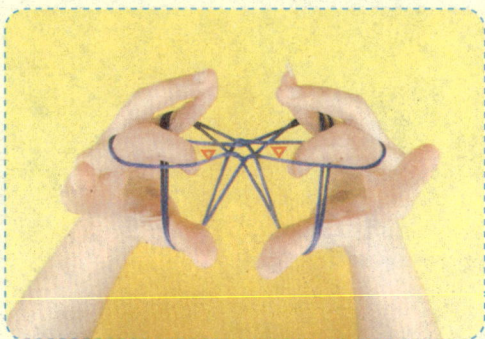

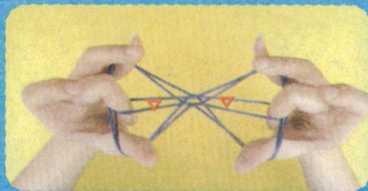

11 接下来，将中指插入▽中。

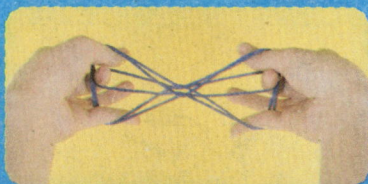

完成

12 插进后松开中指上的绳子，调整一下闪闪的星星完成了。

1. 将中指插入▽中。

2. 插入后将手掉转方向。

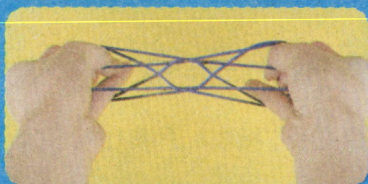

3. 当手指聚在一起时星星就熄灭了。

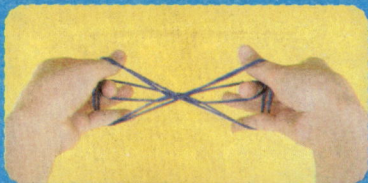

4. 当手指分开时，星星就在闪烁。

1 先将绳子挂在示指、中指和无名指上。

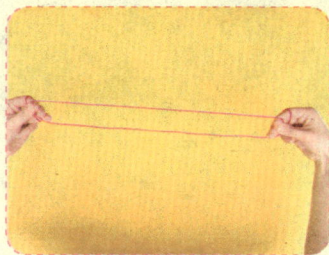

4 再将挑起的绳子缠绕在三个手指上。

7 取完后的样子。

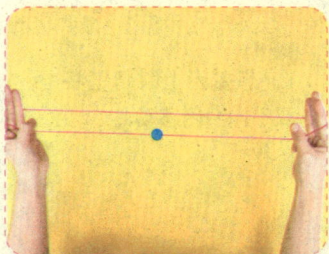

2 用拇指压住●绳。

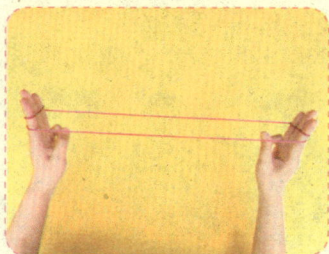

5 就这样三个手指就出现了两层绳子。

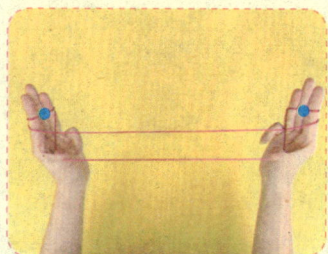

8 接下来用拇指取●绳。

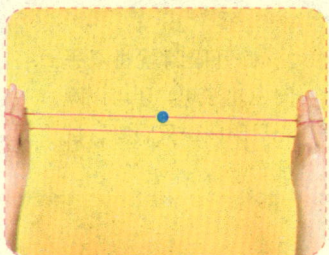

3 将●绳挑起。

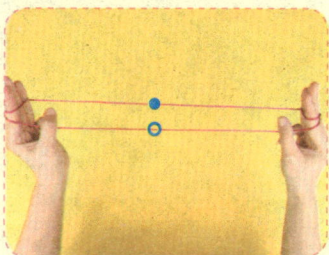

6 再用拇指压过〇绳，取●绳。

9 取绳的过程。

难易度
★ ★ ★ ★
人数:1人
趣味性
★ ★ ★ ★

眼睛1

一个能眨眼的翻线游戏，跟"橡皮筋"有一点相似哦！

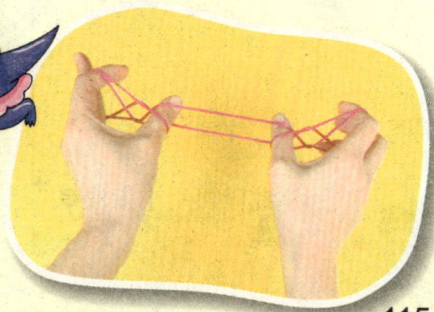

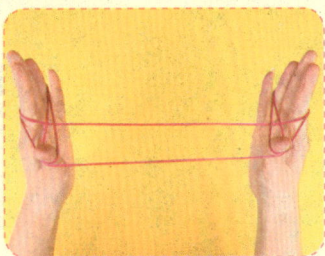

10 取完后的样子。

14 取完后的形状。注意▽的位置注意

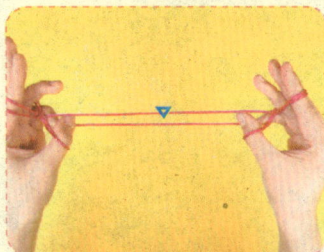

11 然后将双手拇指斜插入▽中，并将☆绳脱落。

15 这时将拇指插入▽中。

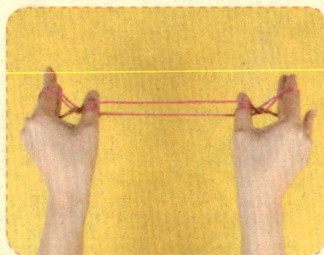

1．想要闭上眼睛就将双手向两侧移动。

12 整理后的样子

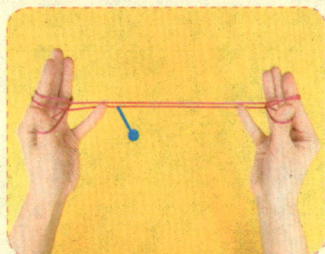

16 松开小指上的绳子。

2．睁开眼睛就将双手向中间移动。还可以睁一只眼闭一只眼呀，试试看吧！

13 此时再用小指取●绳。

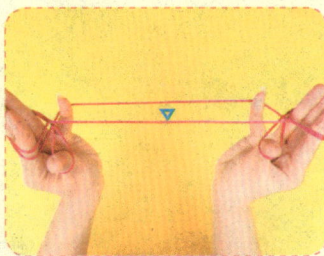

17 看看吧！眼睛完成了。

完成

1 首先将绳子的一端挂在右手的示指、无名指和中指上，另一端则垂下来。

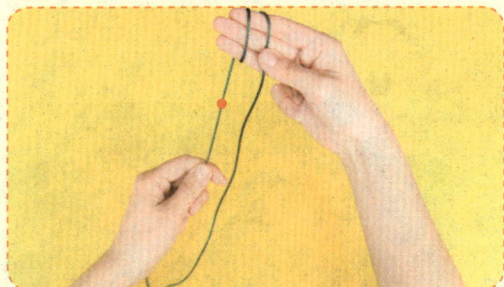

2 用左手将●绳再缠绕在三根手指上。缠完后左手不要放开绳子。

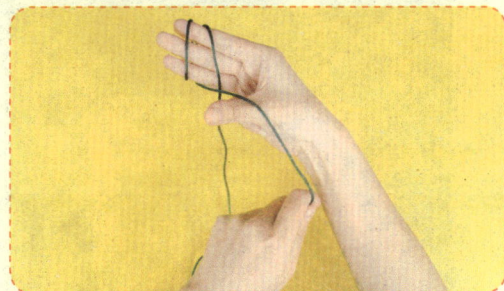

3 这时将左手上的绳子挂在右手拇指指背上，之后松开左手上的绳子。

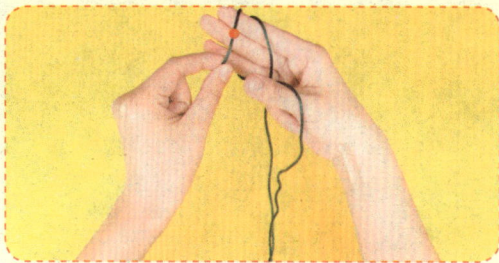

4 再用左手取●绳。

5 将取下来的绳子套在拇指上。

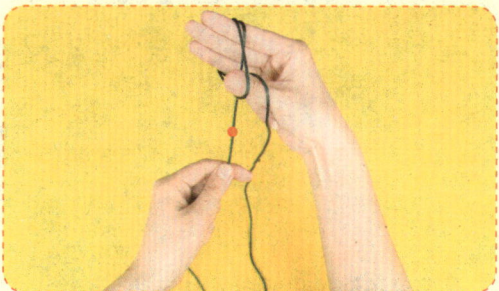

6 接下来用左手捏住●绳。

眼睛2

又一个有趣的眼睛翻绳游戏，不过这回可是凶狠"独眼海盗"的眼睛。

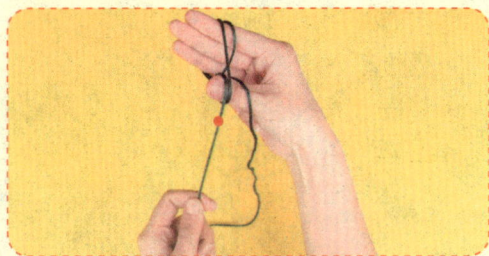

7 将●绳按→方向套在拇指上。

8 左手再捏住垂下来的另一条绳子。

9 将这条绳子从拇指上取下来。

10 取完后左手捏住垂下来的两条绳子向下拉直。

11 调整一下，眼睛完成了。试着眨一下吧！

教你玩
JIAONIWAN

1. 左手拉一下绳子，眼睛就闭上。

2. 松开绳子眼睛睁开。加快点速度，就像眨眼了。

完成

第三章
挑战

难关篇

渔网、琴、椎子

不要被这么多的游戏步骤吓到，要像"小马过河"那样亲手操作一下，那样你会发现游戏其实很简单。

1 先把绳子的一端套在左手拇指和小指上，另一端右手握住。

4 再用左手中指挑右手手掌上绳子。

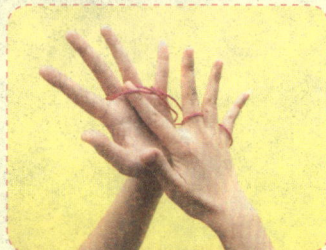

7 用右手示指挑左手中指上绳子。

2 绳子交叉，再套在右手拇指和小指上。

5 挑完后的样子。

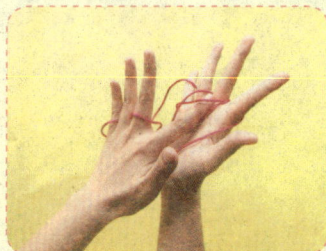

8 再用左手示指挑右手中指上的绳子。

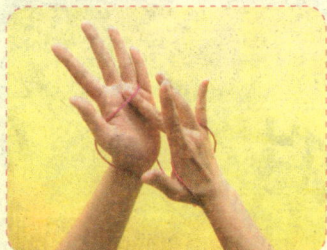

3 用右手中指挑左手手掌上的绳子。

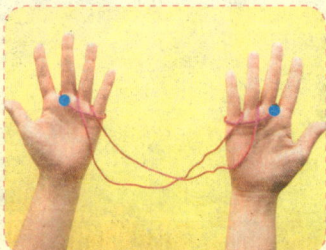

6 将拇指上的绳子松开，准备取●绳。

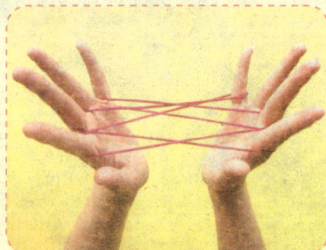

9 然后，将手指上的绳子全部松开。

120

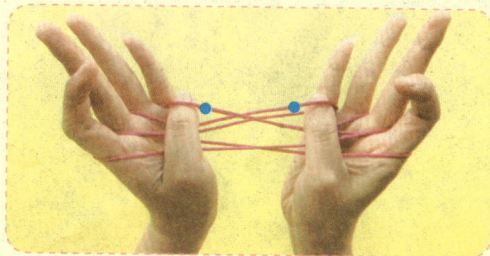

10 用拇指取小指上的●绳。

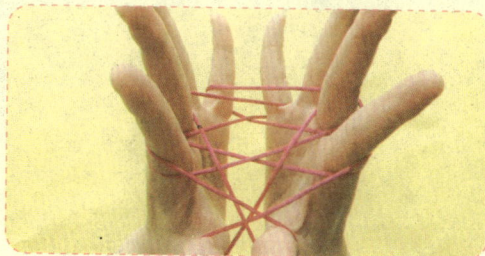

14 调整一下绳子。

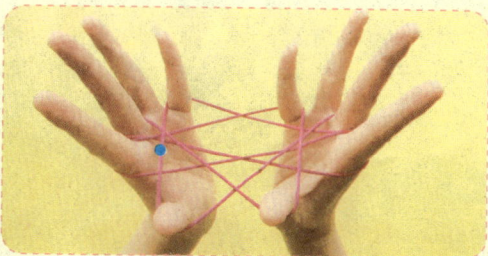

11 取完后的形状。用右手示指和中指将左手上的●绳挑过来。

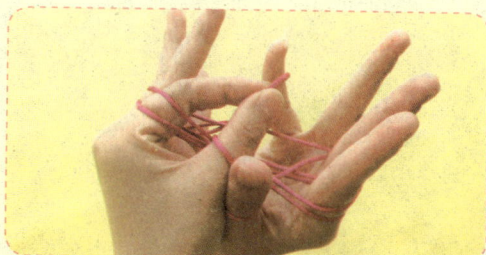

15 接下来将右手小指上原来拧着的绳子取下。

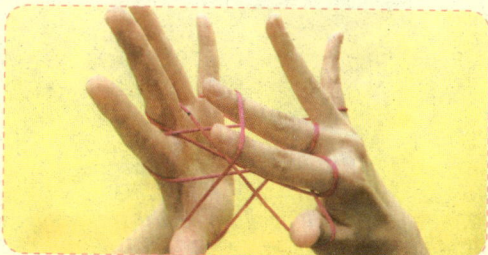

12 挑绳的过程。

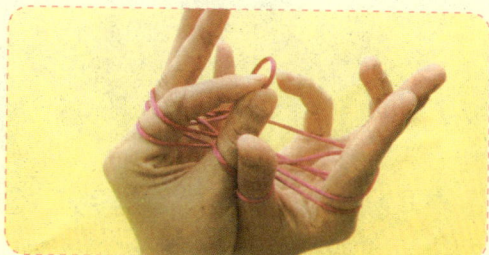

16 将拧着的绳子打开再重新套在右手的小指上。

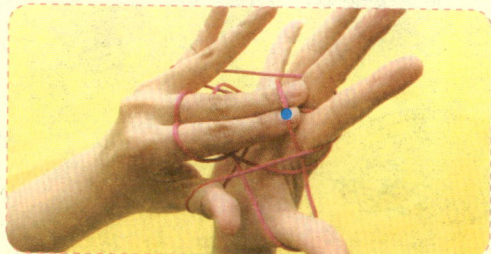

13 用左手示指和中指挑右手上的●绳。

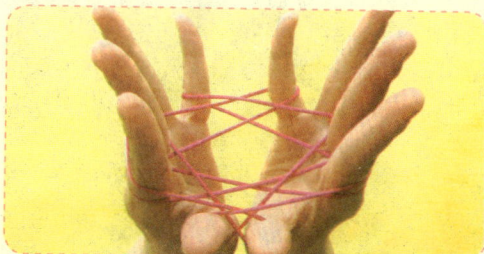

17 套完后将绳子抻直。

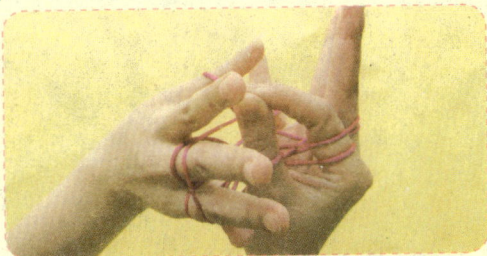

18 再将左手小指上的绳子取下。

19 将取下拧着的绳子打开，重新套在左手小指上。

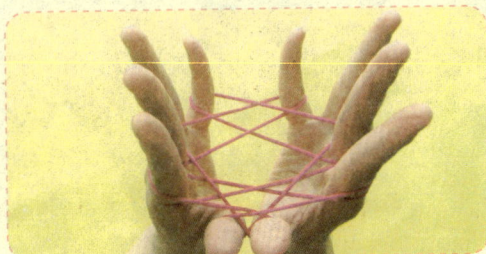

20 再将绳子拉直。

21 同样方法，将右手指上的绳子取下，再将取下拧着的绳子打开，重新套在右手拇指上。

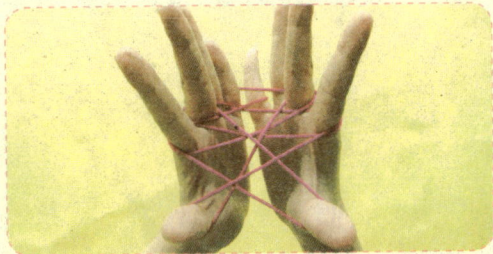

22 套完后的样子。

23 同样将右手示指上的绳子取下打开拧着的绳子，再套回示指上。

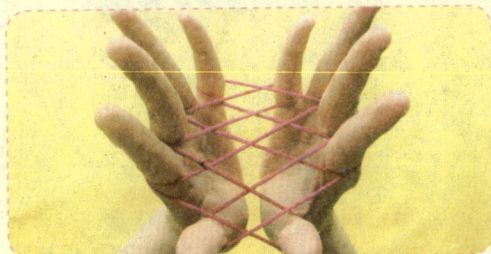

24 拇指、中指、小指的绳子都重新套完后，将绳子撑开像不像捕鱼的网？

完成

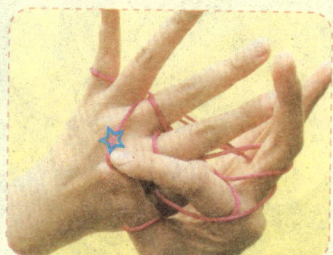

25 然后用右手将左手手背上☆绳子取下来松开。

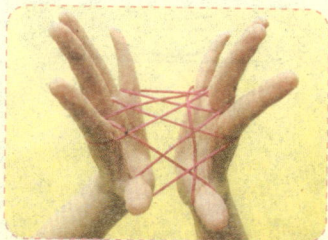

完成

32 将取下的绳子套在右手示指上，拉紧绳子。

26 松开后的样子。

29 用右手将左手中指上绳子取下。

33 OK！一把剃头推子就完成了。

27 再将右手手背上☆绳子取下来松开。

30 将取下的绳子套到右手中指上。

完成

这样，民族乐器古筝就完成了。

再将左手示指上的绳子取下。

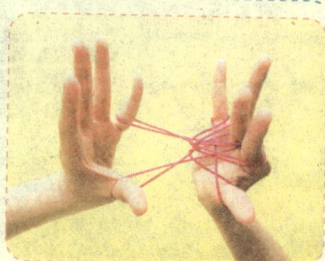

123

一颗钻石

这款很简单的游戏，可以变出美丽的钻石。

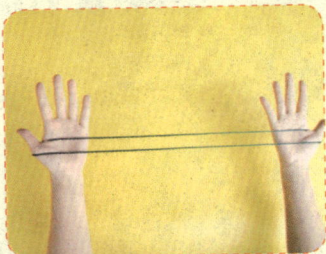

1 将绳子挂在双手拇指上。

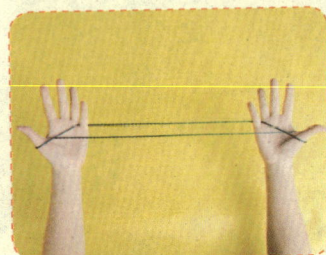

2 用小指取拇指外侧的绳子。

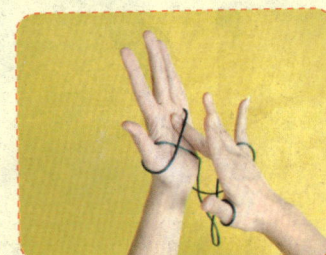

3 用右手中指取左手掌上的绳子，再用左手中指取右手掌上的绳子。

4 取完后的形状。

5 将小指上的绳子松开。此时注意●绳的位置。

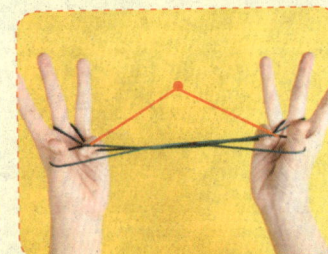

6 再用小指取●绳子。

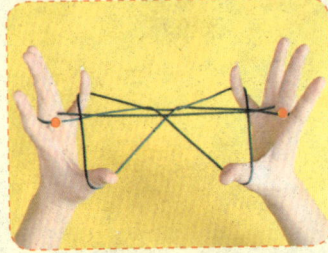

7 之后再用拇指挑●绳。

8 挑绳的过程。

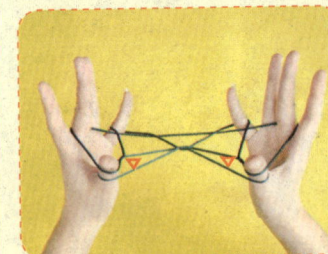

9 挑完后整理一下绳子。将拇指插入▽里。

124

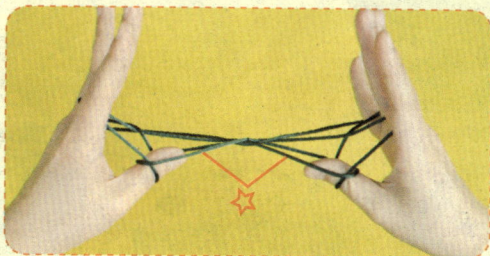

10 插入后松开拇指上☆绳子。

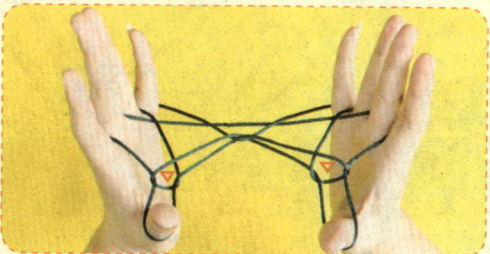

11 接下来将中指插入▽中。

12 插入的过程。

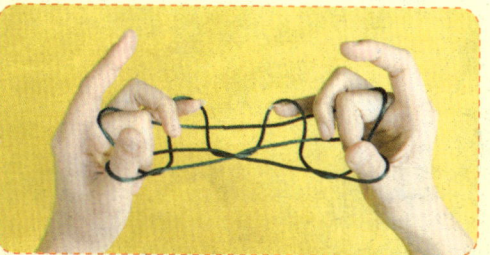

13 插入后用将小指上的绳子松开。

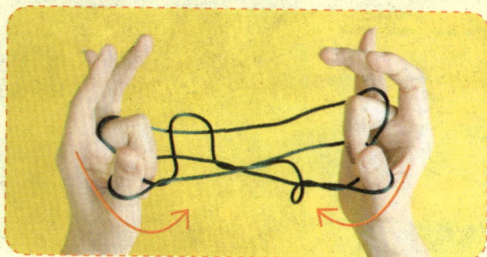

14 松开绳子的同时手掌向前按→方向翻转。转动的时挂在中指上的绳子自然脱离。

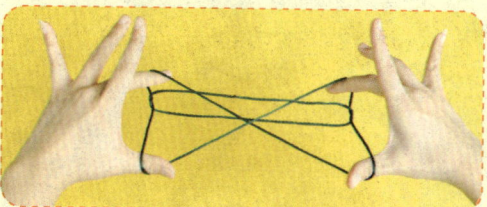

15 左手向反方扭转。

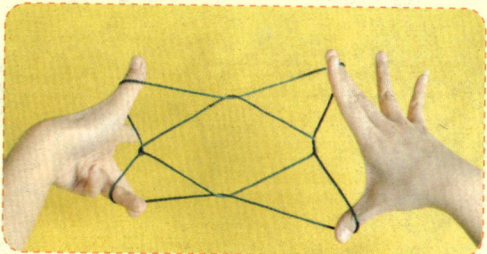

16 哈哈！发财了，一颗大克拉钻石完成了。也可以叫它"一段梯子"。

完成

两颗钻石

人数:1人

趣味性

这是最受大家喜欢的一款翻绳游戏，还可以称它为"七巧板"，开动一下脑筋拼出一个图形来吧！

1 以中指基本手势的步骤开始。

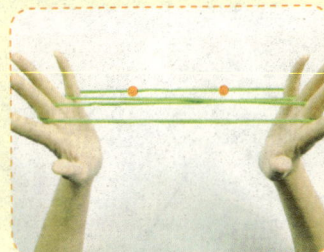

2 第一步，松开拇指上的绳子。再用拇指将●绳挑过来。

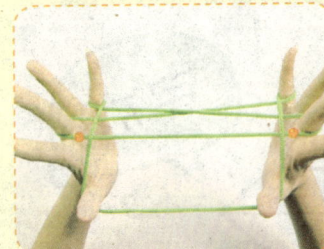

3 挑完后，用拇指取●绳。

4 取完的样子。很简单吧！

5 接下准备将☆绳子松开。

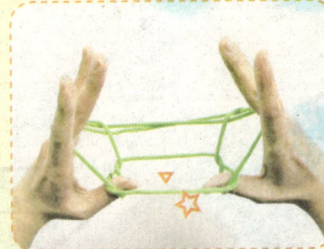

6 拇指插入▽中，☆绳便会自然脱离。

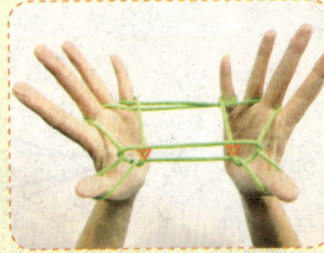

7 对照一下脱离后的样子，注意▽的位置。

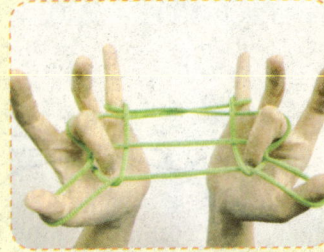

8 将中指手插入▽中。

9 这时将双手小指上的绳子松开。

10 首先用右手帮助左手小指松开绳子。

11 以后用左手慢慢将右手小指上的绳子取下。

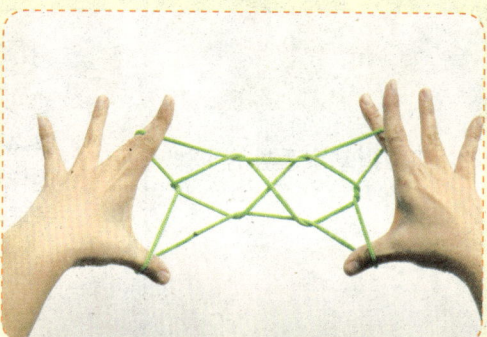

12 注意取绳子的同时双手的中指要夹住绳子。

13 最后，两手向左右拉，中指上的绳子会自然脱离。

14 将双手手掌转向前，张开拇指与中指。OK！两颗钻石翻成了。

完成

三颗钻石

翻绳游戏中钻石是世界范围内最为常见的一种游戏，深受翻绳游戏爱好者的喜爱。

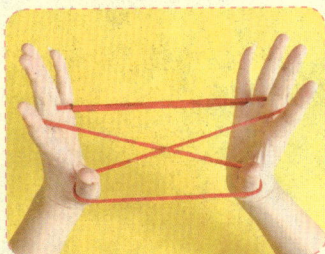

1 以中指基本手势的步骤开始。

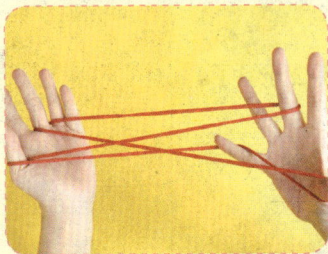

4 取绳时右手略微倾斜，这样可以很轻松地将绳子取下。

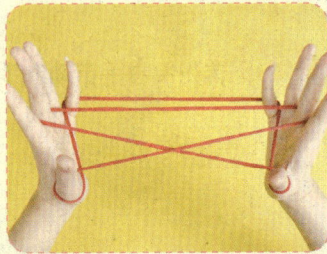

7 看一看左手小指取完后的样子。

2 首先，将小指的绳子松开。

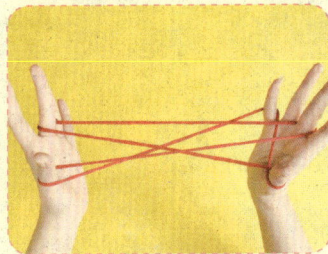

5 取完后的样子。

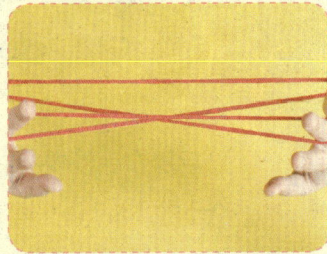

8 这时将套在双手拇指上的绳子松开。

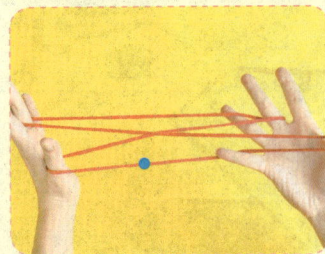

3 再用右手小指将●绳子下方取出来。

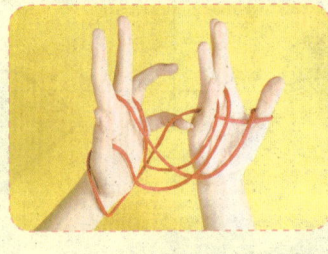

6 接下来将右手刚取的绳子的一端挂在左手小指上。

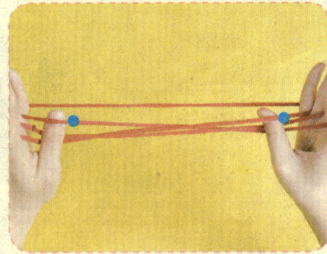

9 再用拇指挑●绳。

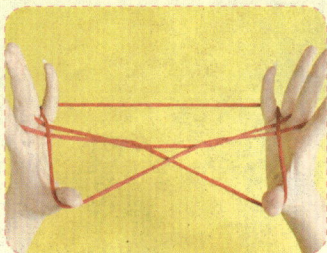

10 挑完后再用拇指取●绳。

11 取绳的过程。

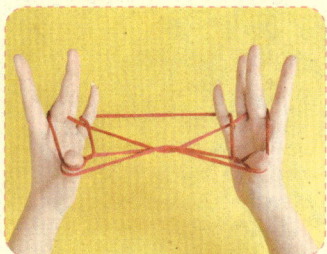

12 取完绳子后将手指撑开。

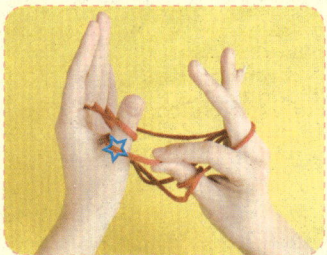

13 然后用右手拇指和中指捏住☆绳。

14 将绳子从左手拇指上摘下来，松开。

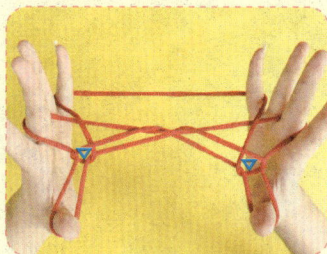

15 以同样的方法将右手拇指上的绳子松开，就变成了这样。接下来将中指插入▽中。

16 将中指插入后，将挂在小指上的●绳子和中指○绳缓慢脱离并松开。

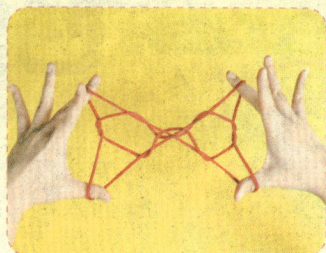

17 最后将双手手掌转向前方，并张开拇指与中指其中一只手掌扭转向自己。

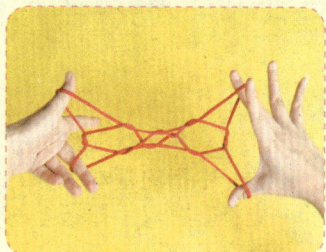

18 整理一下，闪闪发光"三颗钻石"完成了。很耀眼吧！

完成

129

四颗钻石

钻石的游戏前三步和后两步方法是一样了，但注意最后两步中指插入时要缓慢，防止绳子松散。

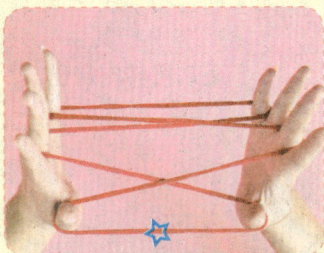

1 做好中指的基本手势。先将套在双手拇指上的☆绳子松开。

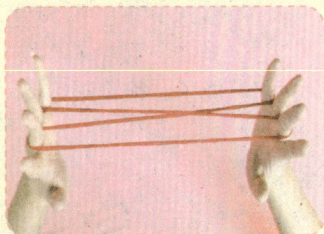

4 拉出来后的样子。

7 然后将套在双手小指上的绳子松开。

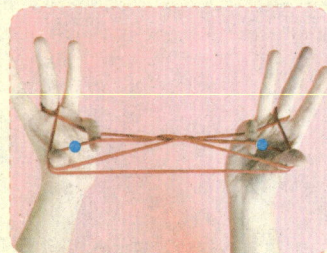

2 松开后的样子。

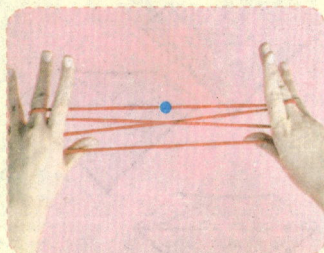

5 将手掌相对，这次双手拇指从上面取●绳子。

8 再用双手小指向上挑●绳。

3 用双手拇指把●绳从其他绳子的下面拉过来。

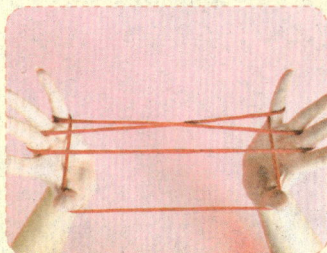

6 将手撑开后的形状。

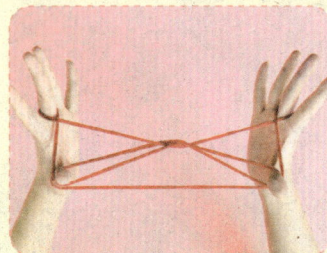

9 挑完后的形状。

130

10 松开双手拇指上的绳子，再用双手的拇指取小指内侧的绳子。

11 取绳的过程。

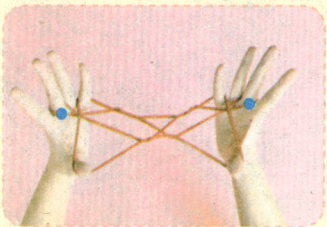

12 取后的样子，此时注意●绳的位置。

13 用双手拇指指尖将绳子取过来。

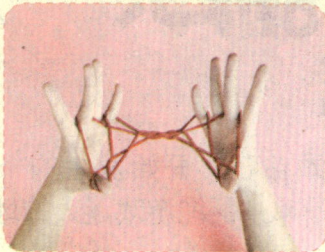

14 取完后的样子。

15 接下来用右手将左手拇指上☆绳松开。

16 再用左手将右手拇指上的☆绳松开。

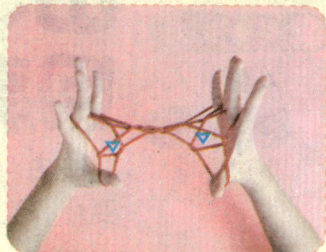

17 接着将双手中指插入▽中。

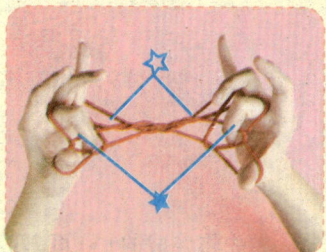

18 此时将挂在小指上的☆绳和中指★绳子缓慢松开。

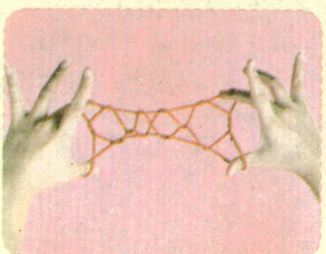

19 最后，张开双手的拇指和中指，就完成了"四颗钻石"。

完成

131

山、葫芦、月亮

由"四颗钻石"开始发生的一系列的变化，这就是单人翻绳游戏迷人的地方。

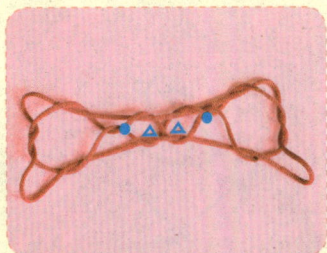

1 首先将完成的131页"四颗钻石"从手指中取下，平放到桌子上。用拇指和中示指捏住●绳，由下至上插入△中。

2 将绳子从下往上拿起来。

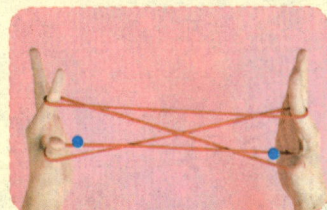

3 拿起来后将绳子拉直，再用小指取●绳。

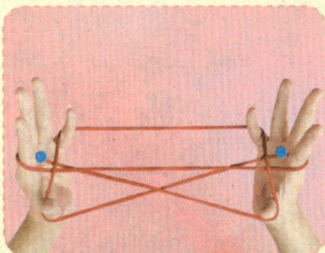

4 取完后的样子，很容易喔！此时注意●绳的位置。

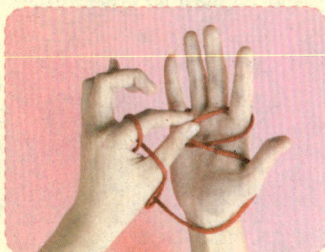

5 将右手的●绳拉起。

6 再将绳子挂在右手无名指上。

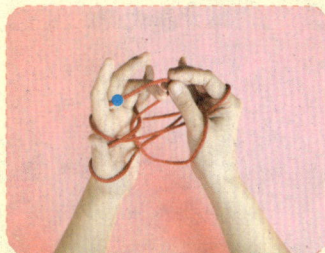

7 同样，再将左手示指上的●绳挂在左手无名指上。

8 整理一下吧！

9 接下来，用右手中指取左手中指上的绳子。

132

10 用左手中指取右手中指上的绳子。

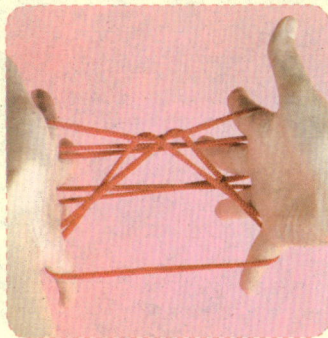

13 看到了吗？一座山完成了。

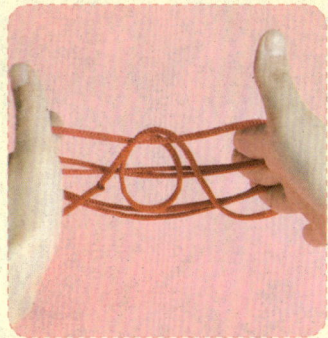

完成

15 最后将双手向左右两侧拉，就变成了一轮圆圆的明月。

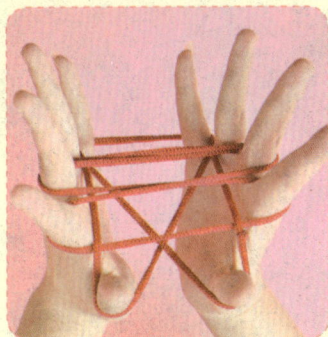

完成

11 取完后的样子。

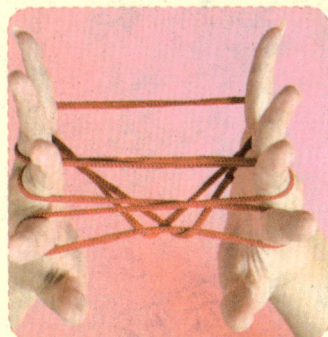

12 这时，松开拇指的绳子，将手指张开。

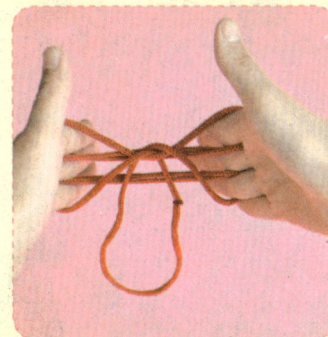

14 松开小指上的绳子，出现一个大葫芦。

完成

133

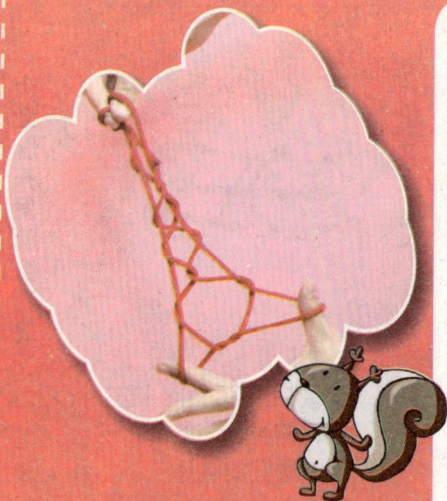

埃菲尔
铁塔

只要你动脑筋，简单的一两步就可以变出很多想象不到的物体来。

难易度
★★★☆

人数:2人

趣味性
★★★★☆

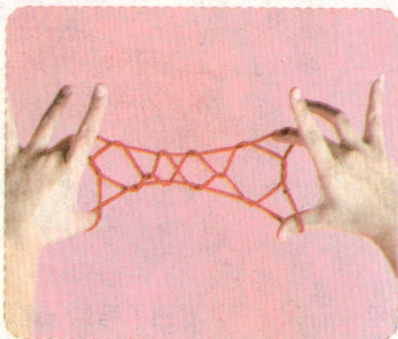

1 完成一个 131 页"四颗钻石"。

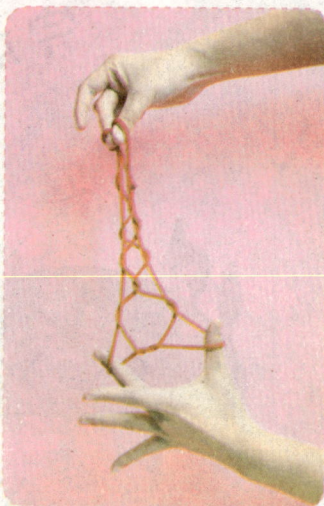

2 然后将套在右手上的绳子全部合并在一起，用右手拇指和示指捏住，很简单的一个动作，就变出了一个很形象的法国埃菲尔铁塔。

完成

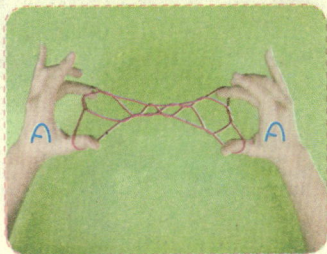

1 A先翻出 131 页"四颗钻石"。

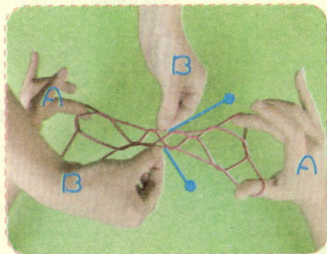

2 B用拇指和示指捏住●绳子。

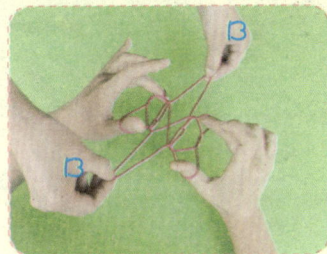

3 将绳子逐渐拉长"四颗钻石"就变成了"小船"。

完成

4 B松开绳子,又重新回到了"四颗钻石",这时B把十根手指分别插入▽中。

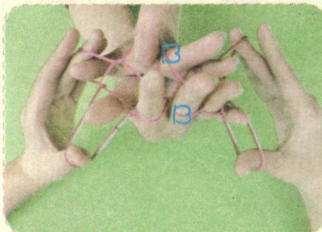

5 手指插入的过程。

6 B插入后,A将手抽出来,之后B将绳子向左右抻开。就成一张大鱼网。

完成

小船、鱼网

又是一个"四段颗钻石"游戏的延伸,我们由单人游戏变成了双人游戏,找个搭档好好配合一下,乐趣倍增。

难易度
★★☆☆☆

人数:2人

趣味性
★★★★☆

四颗钻石、两条金鱼

通过两人的紧密配合，完成水中游来游去的鱼。

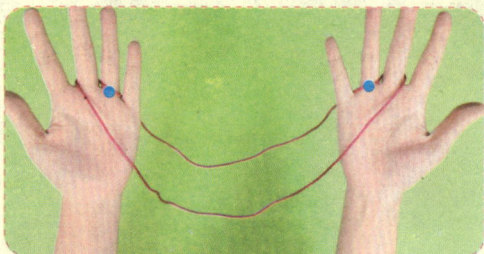

1 A将绳子挂到中指和小指上。B用一只手取●绳。

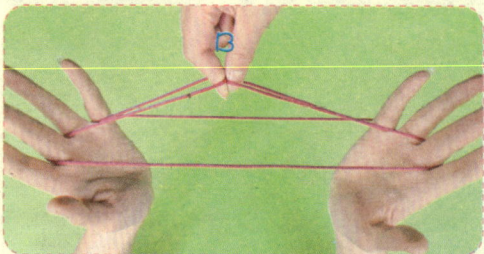

2 B将取到的绳子向中间拉，用拇指和示指捏住。

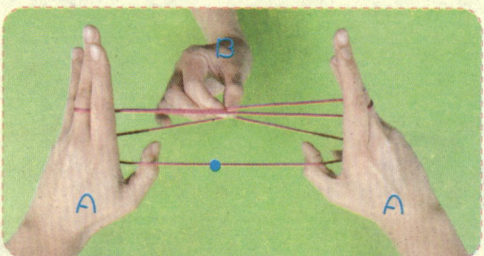

3 A用双手拇指取●绳。

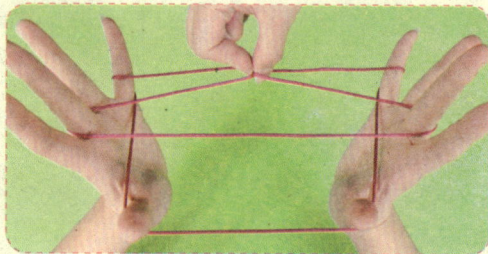

4 取完后的样子。

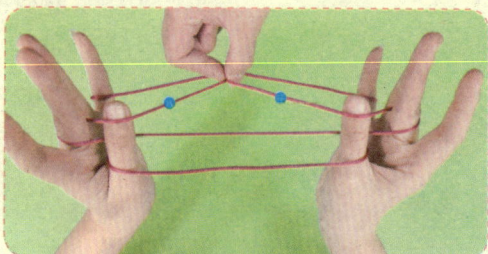

5 这时A用双手拇指再挑●绳。

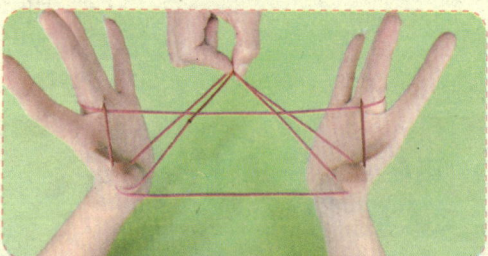

6 挑完后的样子。

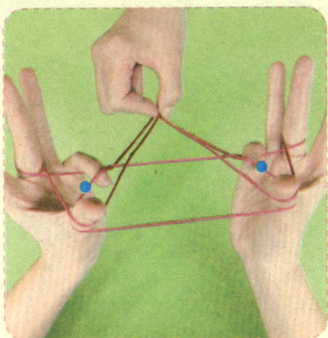

7 再用双手小指挑●绳。

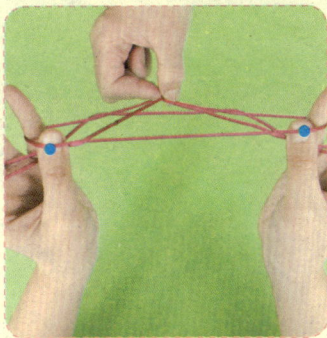

8 挑完后将绳子抻直。

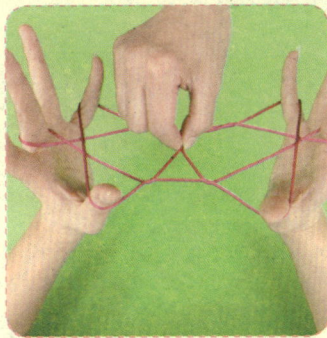

9 然后将双手拇指上的绳子松开。

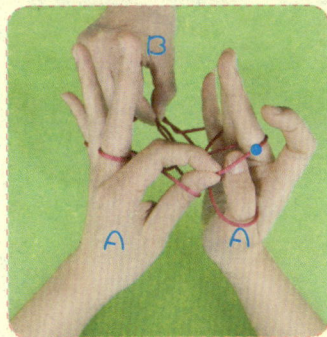

10 拇指松开后再用指背挑●绳子。

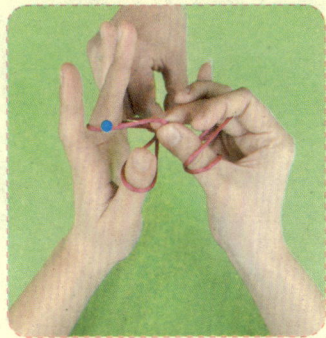

11 挑完后整整一下。

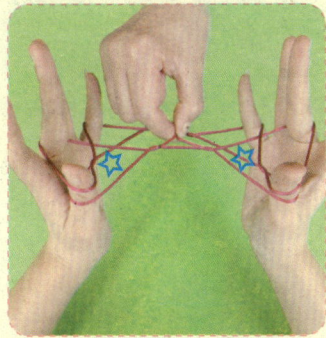

12 接下来，B不动，A用左手将右手的●绳捏住，套在右手拇指上。

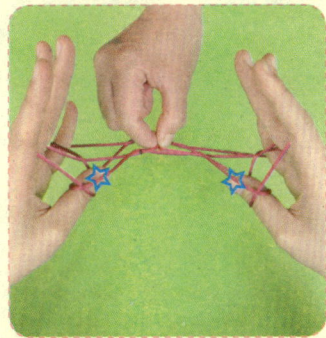

13 同样方法，将左手上的●绳子套在右手拇指上。

14 套完后的形状。将拇指上☆绳松开。

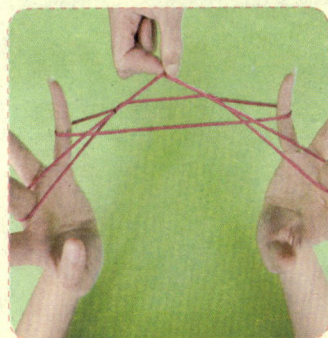

15 松开绳的过程。

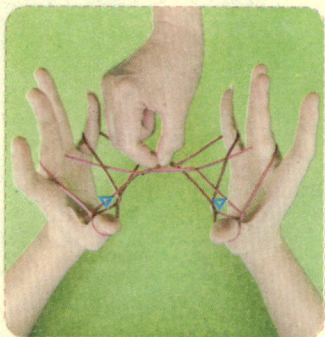

16 松开后的样子。接着将双手中指插入▽中。

17 中指插入过程中，将挂在小指上的绳子和中指☆绳缓慢松开。

18 这时手心慢慢转向前方。

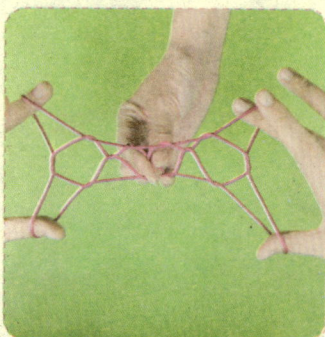

19 原来是四颗钻石哦！

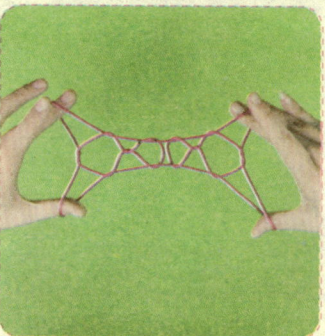

完成

20 B将手指松开。

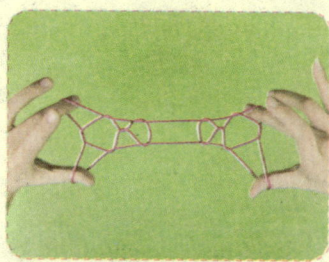

21 双手慢慢地向左右两边移动。

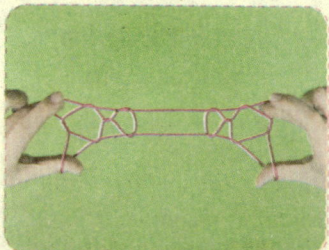

22 "两条金鱼"形成了。

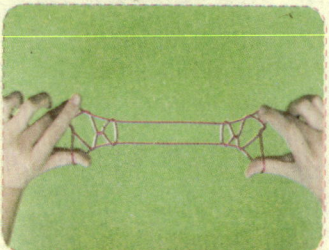

23 继续向两边拉绳子，鱼就游走了。

完成

138

1 做好中指基本步骤。

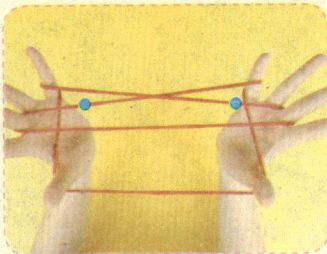

4 用拇指挑●绳。

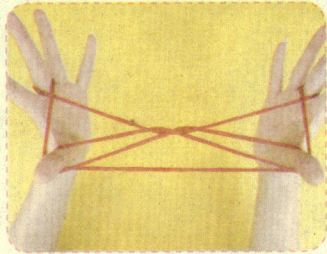

7 将小指上的绳子松开。

2 松开双手拇指上的绳子。

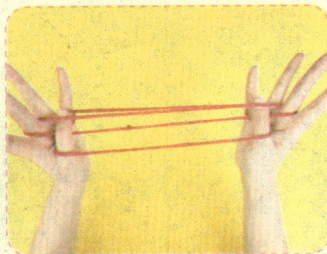

5 挑绳的过程。

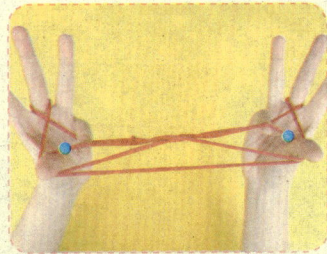

8 松开后再用小指将拇指上●绳挑过去。

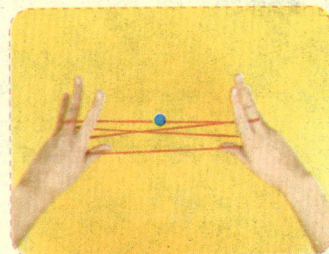

3 用拇指从绳子下面取●绳子。

6 挑完后的样子。

9 完成后的样子。

难易度
★★★☆

人数:1人

趣味性
★★★★☆

梯子

翻"梯子"大多数的步骤与钻石的方法是相同的。如果还想要更多层梯子，那就将小指和中指的绳子多扭转几圈就OK了。

139

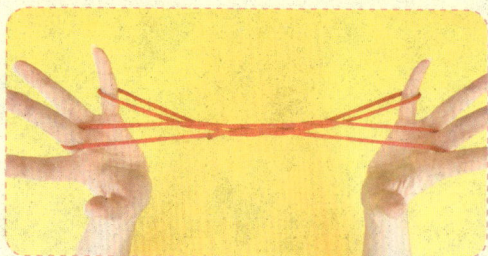

10 松开双手拇指上的绳子。

11 将右手的拇指压住无名指上的绳子。

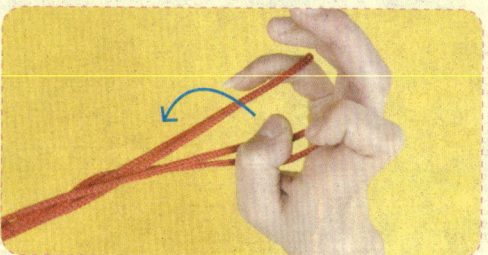

12 小指按→方向转动，将小指上的绳子扭一圈。

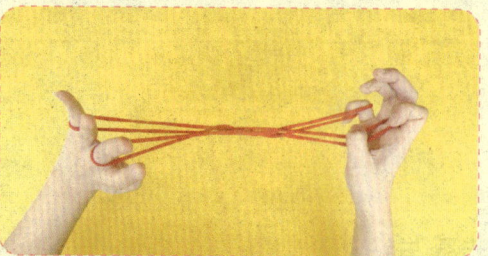

13 扭绳的过程。

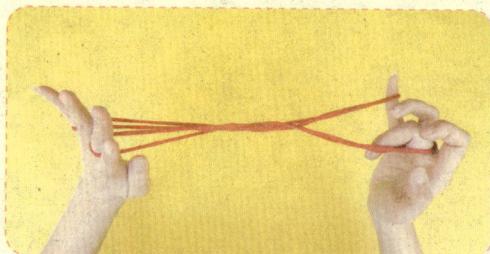

14 用同样的方法将无名指上的绳子也扭一圈。

15 对照一下扭完后的样子。再用同样的方法扭左手指上的绳子。此时注意●绳位置。

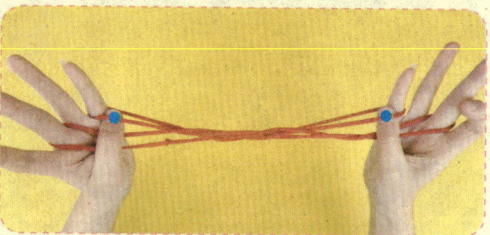

16 用双手拇指挑●绳。

17 挑后的样子。

140

18 再用双手拇指挑●绳。

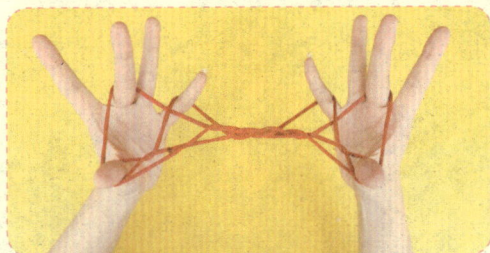

19 绳子挑后的样子。

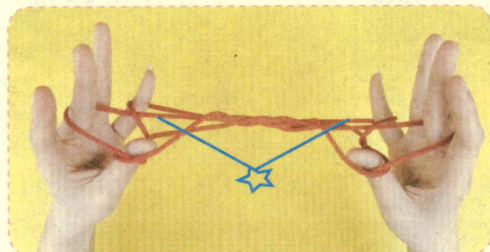

20 将双手拇指上☆绳松开。

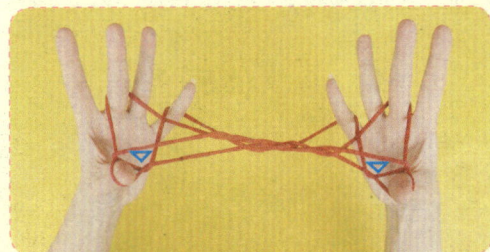

21 松开后的形状，然后，将中指插入▽中。

22 插入的过程。

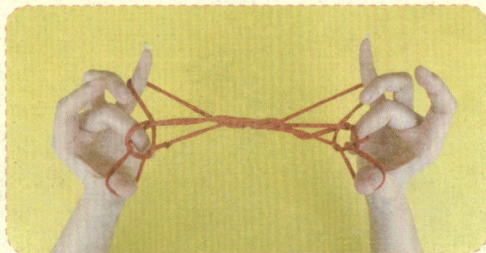

23 将挂在小指上的绳子和中指指背的绳子缓慢脱离。用双手拇指、中指钩住绳子。

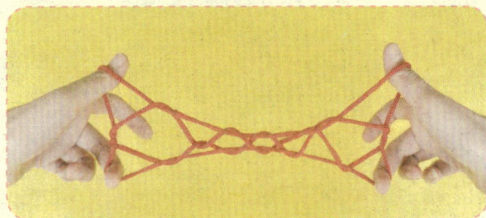

24 将拇指和中指张开，数一数是不是"五段梯子"

完成

蝴蝶、山丘、猫咪

表演一场"小猫钓鱼"的故事吧，不要错过呀！

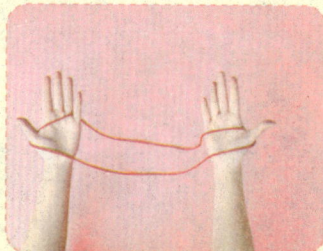

1 先将绳子挂在双手的拇指和小指上。

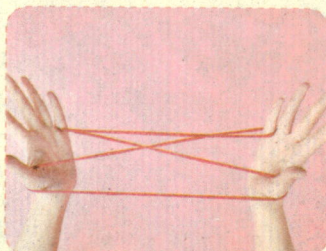

4 完成后将绳子拉直。

7 首先用右手中指挑起左手中指上的绳。

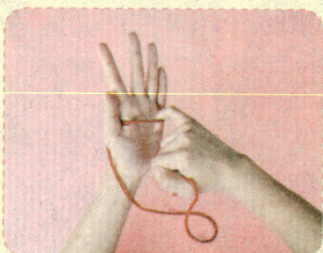

2 用右手小指将左手掌绳子钩住。

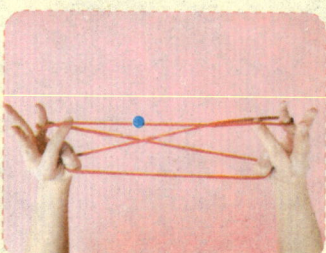

5 双手示指挑●绳。

8 挑完后的样子。

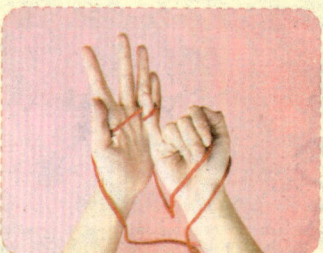

3 将钩住的绳子旋转后套在右手小指上。

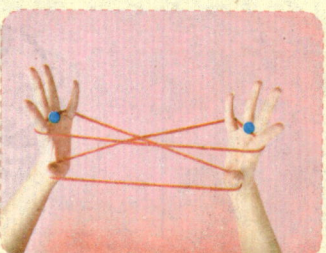

6 挑完后的形状。准备用中指挑●绳。

9 再用左手中指挑起右手中指上●绳。

10 挑完后双手手指撑开。

14 松开拇指上☆绳。

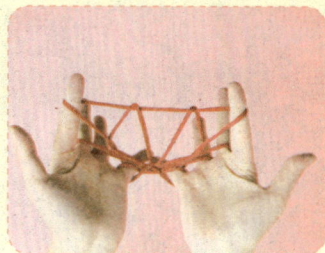

18 取完后示指向外钩，一只飞舞的蝴蝶就完成了。

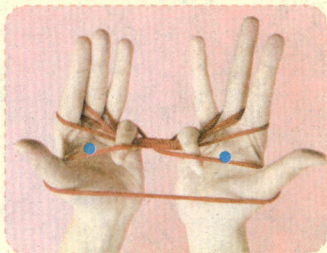

完成

11 用双手小指指尖挑拇指上●绳。

15 再用右手将左手示指上●绳取下。

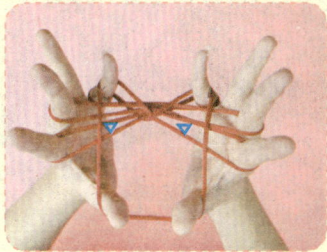

12 挑完后样子，注意▽的位置。

16 用左手将右手示指●绳取下。

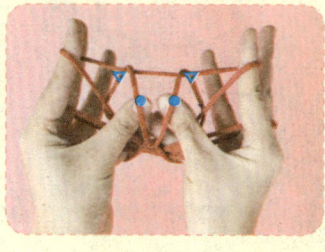

19 将双手拇指插入蝴蝶翅膀▽中，挑●绳。

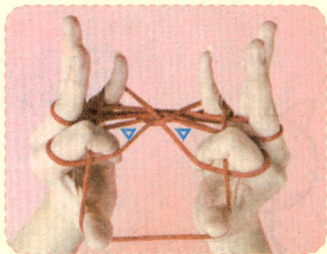

13 将双手示指弯曲插入▽中。

17 取绳的过程。

20 挑绳的过程。

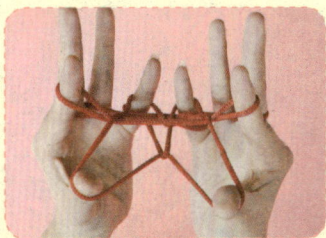

21 挑完后将绳子向自己身体方向拉伸。

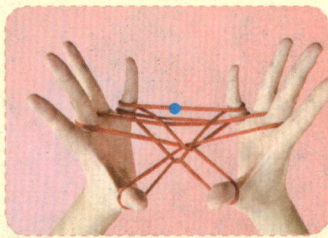

24 再将，手指向上。用拇指取●绳。

28 松开双手拇指上的☆绳。

22 再将双手示指上的绳子松开。

25 取绳的过程。注意从其他绳子上面取绳子。

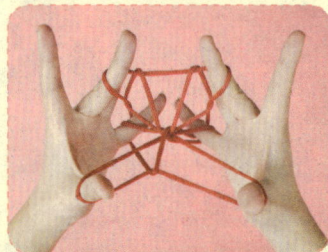

29 松开后将双手手指张开。

23 "小山丘"完成了。

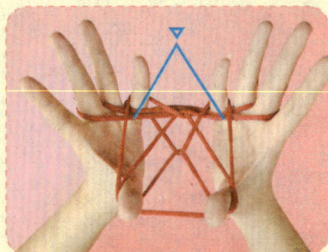

26 取完后的形状有点像小盒子。接下来将双手中指插入▽中。

30 最后,将双手中指相对，喵喵～，我们的主角上场了。

猫在哪里呢？不要急小猫，很快就出场了。

27 手指插入的过程。

完成

144

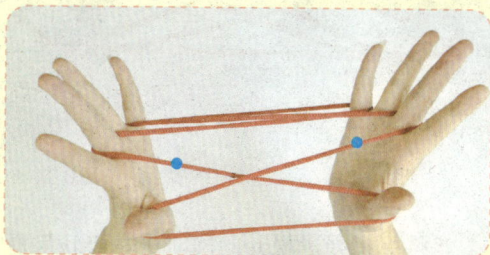

1 做好中指的基本步骤。用两手的拇指压过中指前面●绳。

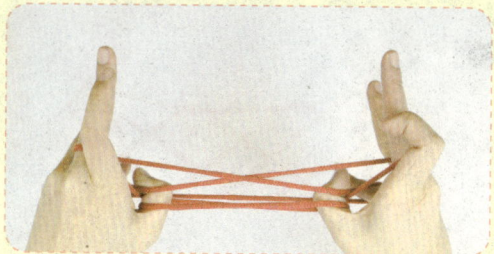

2 用拇指挑小指内侧的绳子。

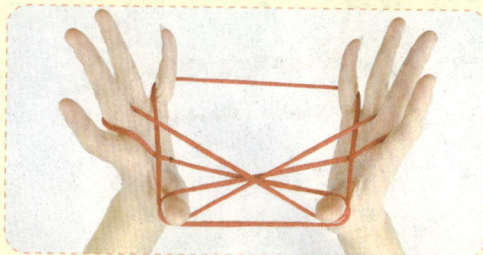

3 OK！这是挑完后的样子。

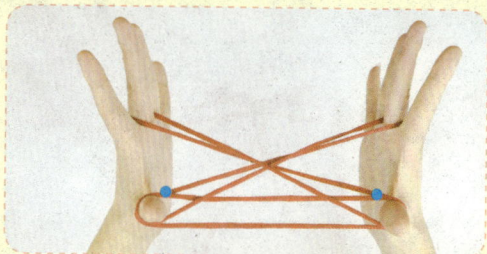

4 接下来松开小指上的绳子，用小指将●绳取过去。

难易度	
★★★☆☆	
人数：1人	
趣味性	
★★★★☆	

七颗钻石

这款翻绳游戏看起来很难，实际很简单，不要放弃，拿起绳子尝试一下吧！

145

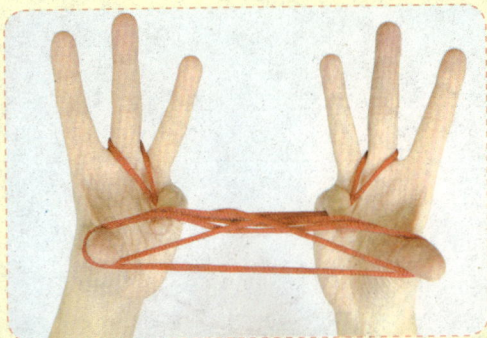

5 小指取绳的过程。

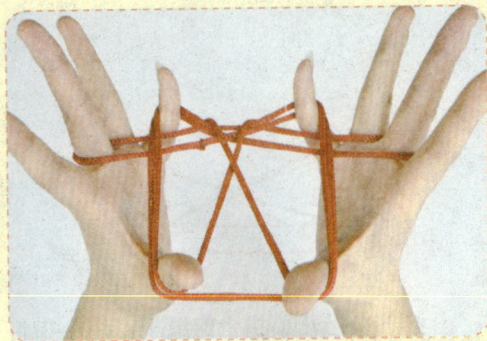

6 取后的形状。

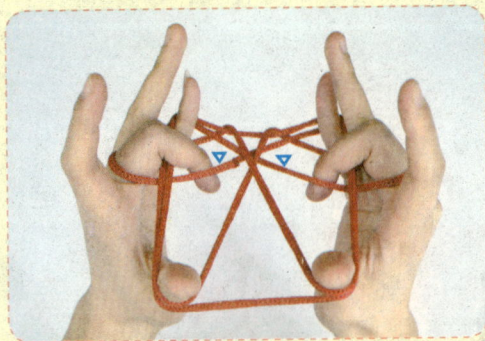

7 这时中指弯曲，插入▽中。

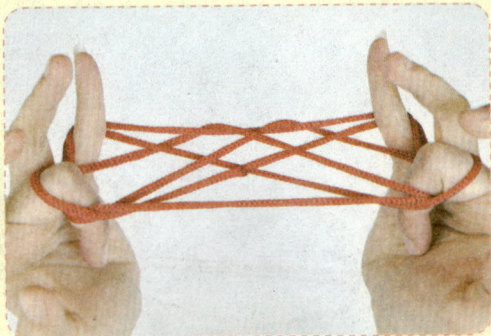

8 将拇指绳子松开的同时手掌心转向身体方向。

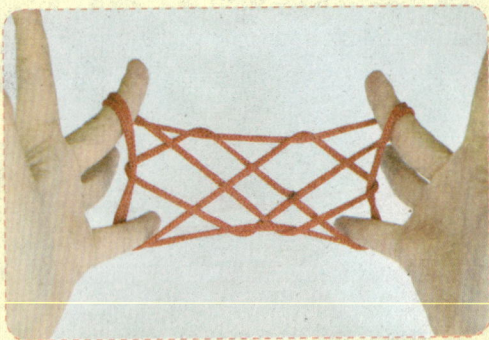

9 OK！慢慢整理一下，将中指和小指打开，数一数手中有没有七颗光彩夺目的"钻石"。

完成

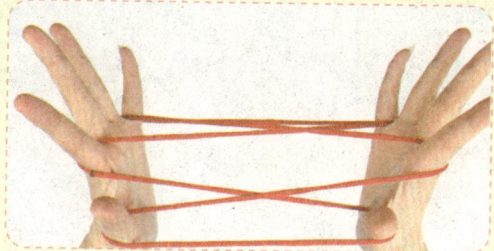

1 首先做好中指的基本步骤。

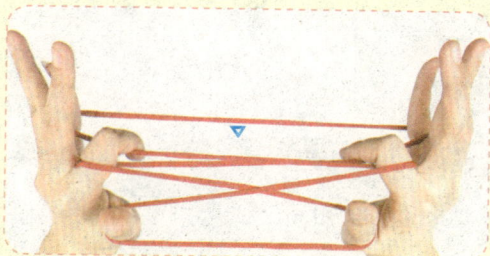

2 将双手示指插入▽中。

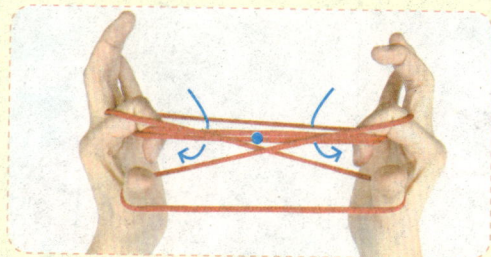

3 再用示指按→方向翻●绳。

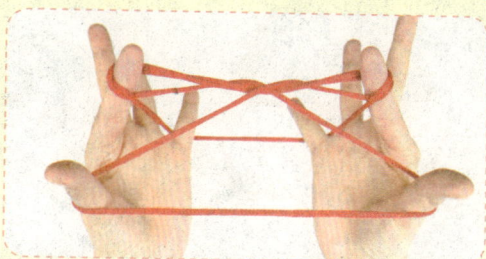

4 翻完后的形状。

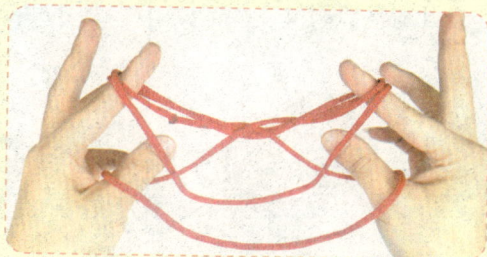

5 接下来松开小指上的绳子。松开的绳子注意不要拉紧。

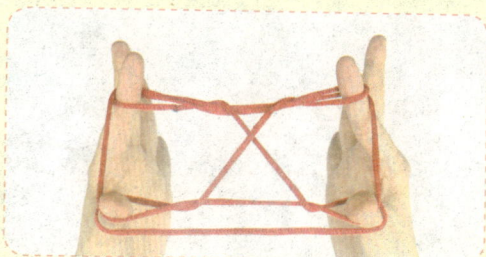

6 用拇指将刚刚松开的绳子挑起来。

难易度	
★★★★	
人数:1人	
趣味性	
★★★★	

快乐小鱼

"鱼儿鱼儿水中游，游来游去乐悠悠……"让我们来尝试翻一条快乐的小鱼吧！

147

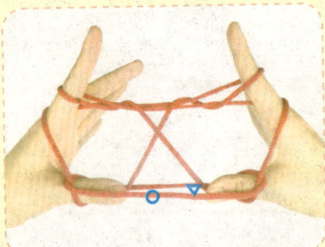

7 挑完后的样子。然后将拇指斜插入▽中，与此同时〇绳子自然从拇指上脱落离。

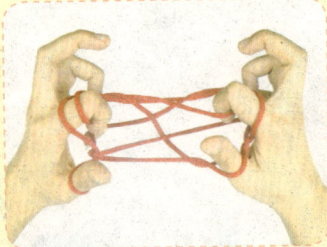

8 挑后的形状。

9 用左手小指将●绳钩向手掌。

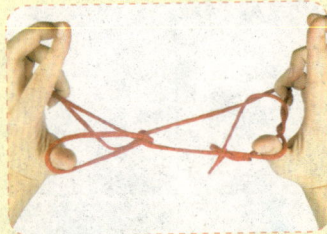

10 再用右手小指将●绳子也钩向手掌。

11 这时双手示指弯曲。

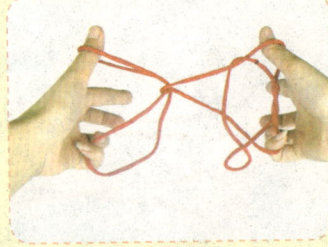

12 将指上的绳子脱离，注意不要让小指上的绳子脱落。

13 松开双手示指。

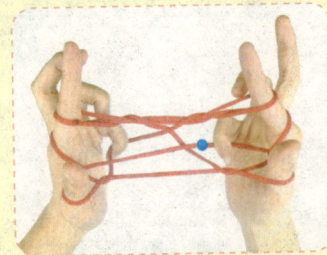

14 两手向两侧拉，注意不要太用力。

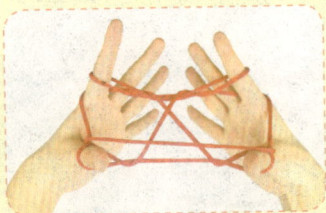

15 一条"快乐小鱼"完成了。

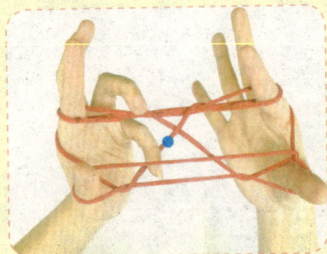

完成

148

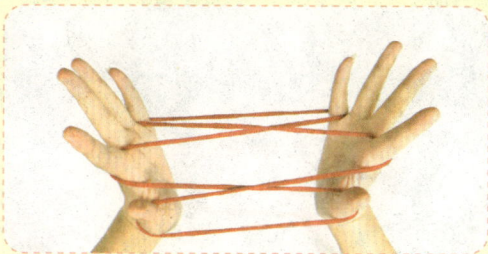

1 首先做中指的基本步骤。

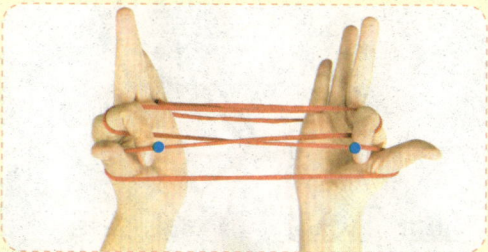

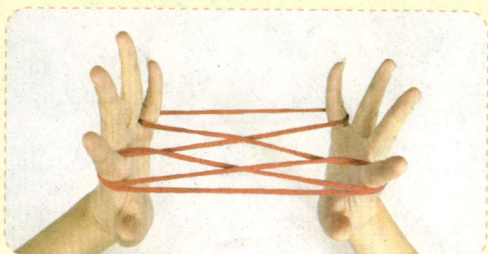

4 再松开套在拇指上的绳子。

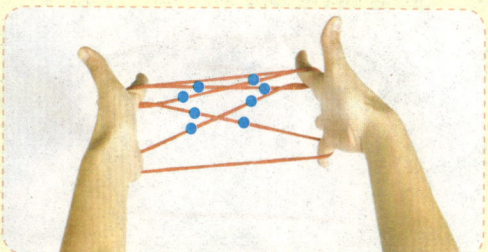

2 首先用双手示指指尖挑●绳。

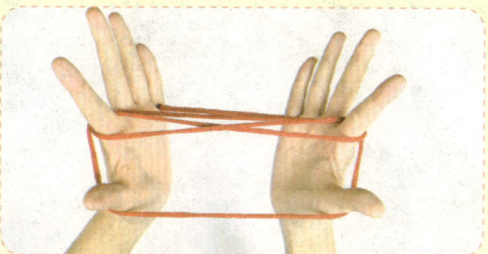

5 接下来先将手心相对，再用拇指将●绳子全部挑过来。

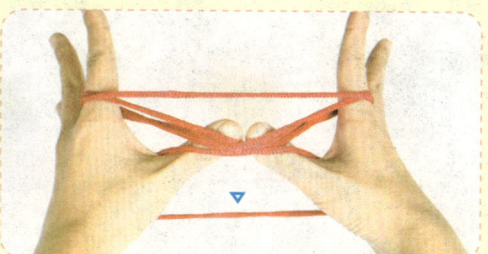

3 挑后的样子。

6 注意双手拇指要插入▽中，从下方将绳子挑过来。

难易度
★★★☆☆

人数：1人

趣味性
★★★☆☆

大耳朵兔

《龟兔赛跑》故事中那只骄傲的小兔子输给了乌龟。今天我们赶快叫醒那只睡着的兔子吧！这是一个来自日本的游戏。

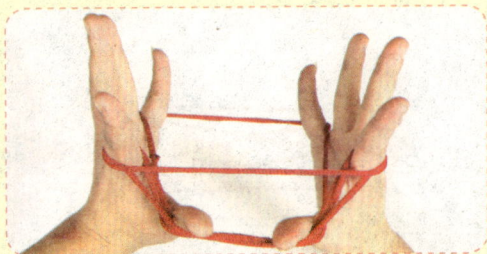

7 挑完后的样子。

8 再将手指指向前，拇指压下●绳。

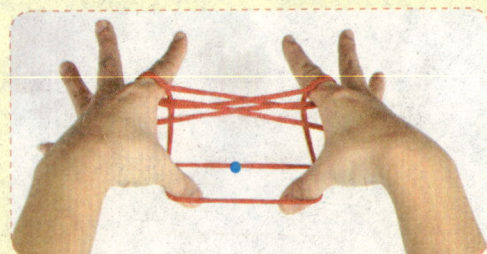

9 然后用拇指将●绳从上至下取过来。

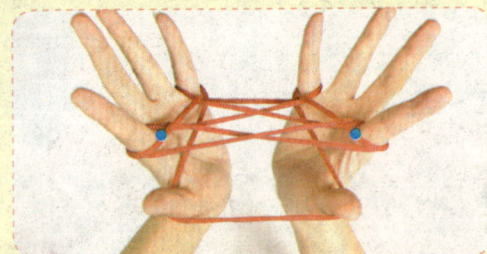

10 取完后手指向上调整一下绳子，再用拇指取示指上方的●绳。

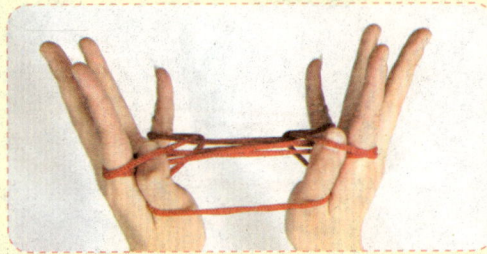

11 取绳的过程。

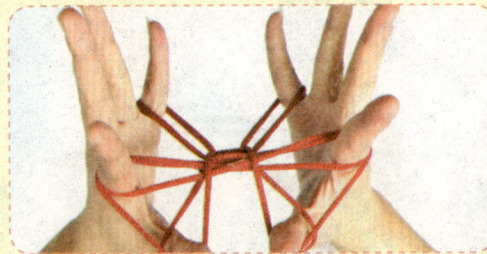

12 将绳子拉开后的样子。

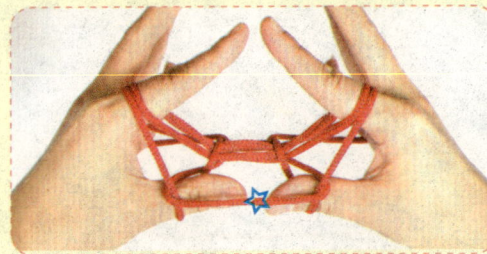

13 接下来将拇指上的☆绳松开。

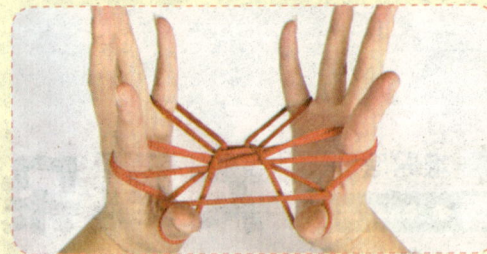

14 松开后的样子。

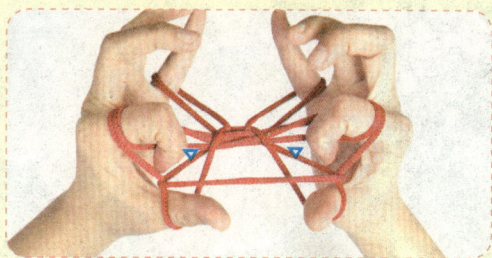

15 再将示指弯曲插入▽中。

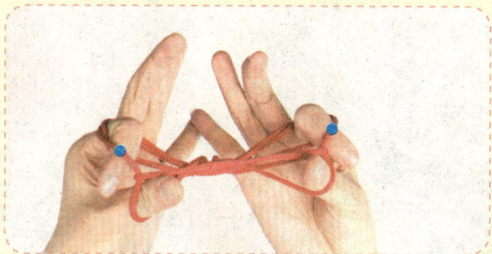

16 这时将示指上●绳松开。

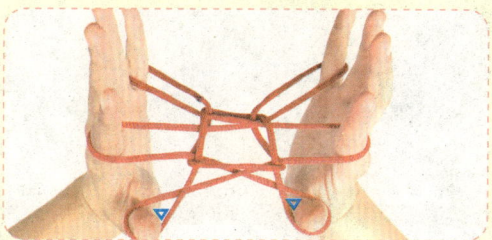

17 松开后的样子。然后将示指、中指、无名指一起插入▽中。

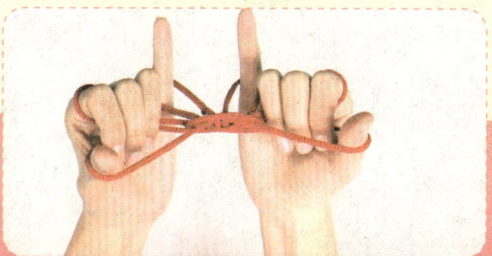

插入后握住绳子。

19 将小指的绳子松开。

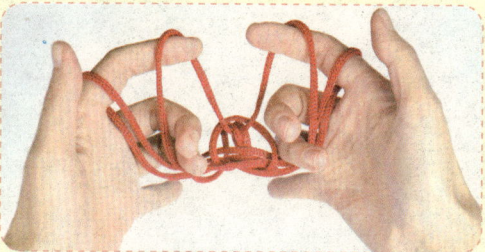

20 最后将拇指上绳子松开，示指翘起来。

21 这只来自日本的大耳朵兔很可爱吧!

完成

吊床

让我们躺在吊床上舒舒服服地睡上一觉吧！

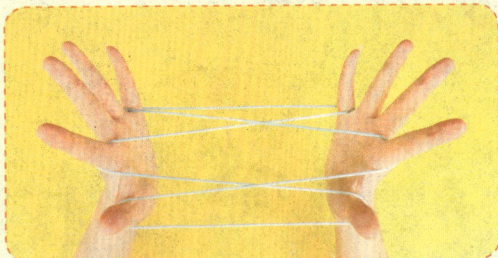

1 首先做示指的基本步骤。

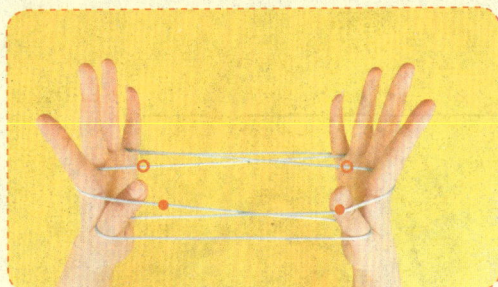

2 用拇指取●绳子，再用中指、无名指、小指一起取〇绳子。

3 取绳的过程，取完后将绳子套在手腕上。

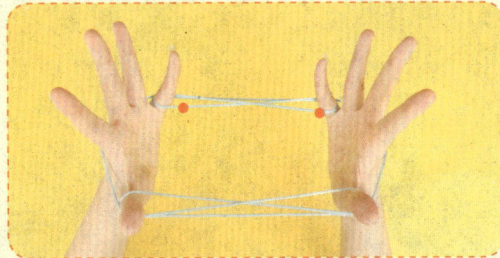

4 再用拇指取●绳。

5 取绳的过程。

6 用小指取●绳。

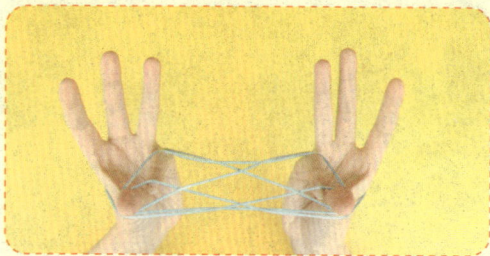

7 注意取绳时不要将小指上的绳子脱落。

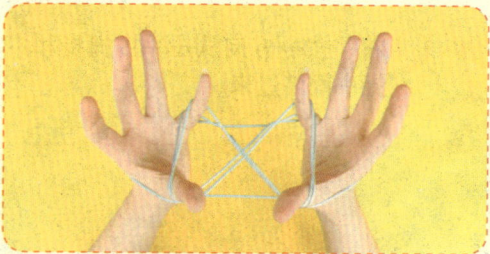

11 转过来后整理一下。

8 取后的形状。

12 左手捏住右手拇指上的●绳。

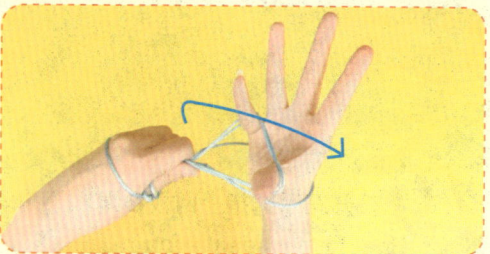

9 接下来用左手抓住左半部分的绳子。注意→的方向。

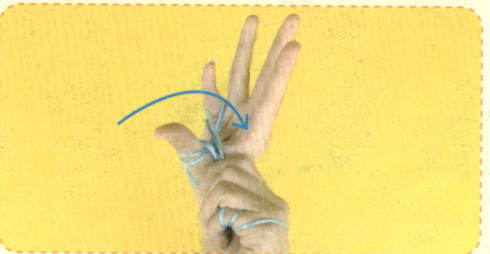

13 将右手拇指上的●绳取下。

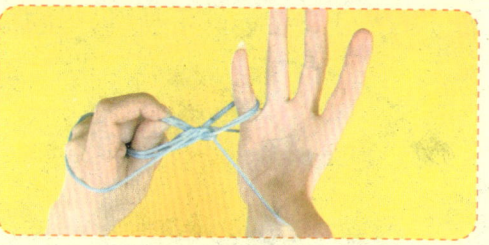

10 抓住后再按→方向从右手中拇指和中指中间转过来。

14 用左手拇指将第9步抓住的绳子从右手拇指和示指间松开。

15 这时再将第13步取下来的绳子重新套在右手的拇指上。

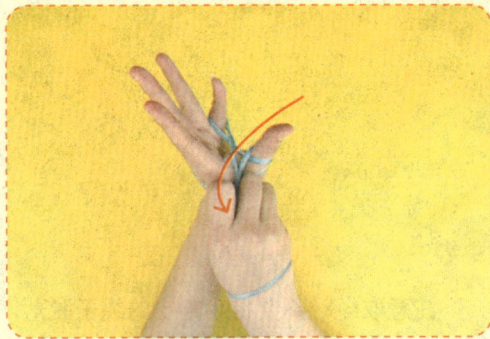

18 右手按→方向从左手中拇指和中指中间转过来。

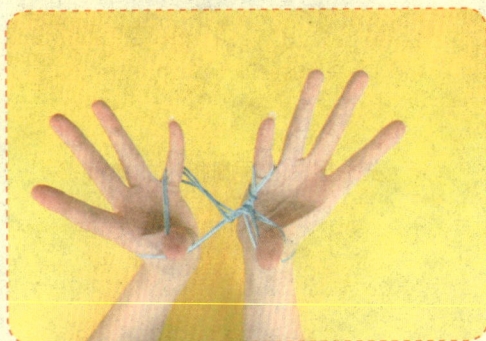

16 将双手向左右两侧抻拉。感觉有些复杂了吧!

19 松开左手拇指上两根●绳。

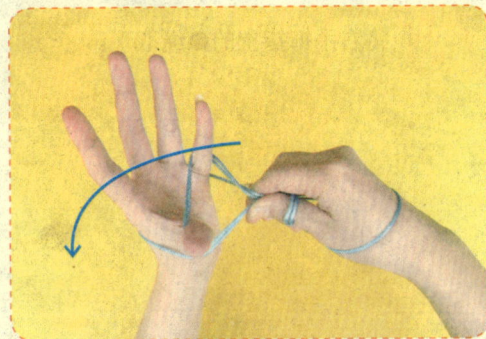

17 用右手握住绳子的右半部分。注意→的方向。

20 松开绳的过程。

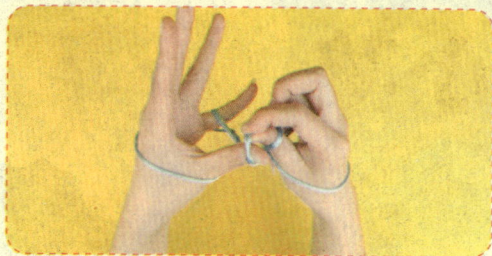

21 再将19步松开的绳子重新挂到左手拇指上。

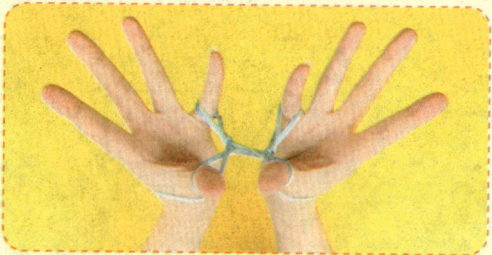

25 松开后的样子。

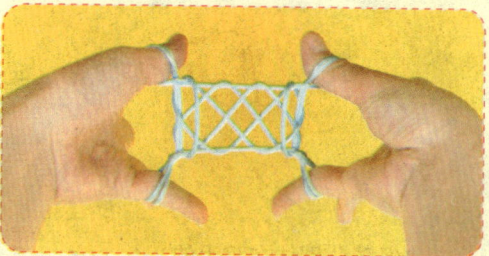

22 这时张开双手。

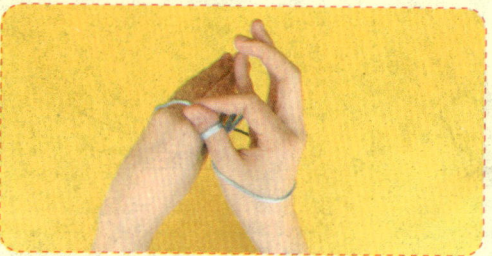

26 将双手左右抻开，手心相对，OK！一张吊床挂在了两手中间。

23 松开左手手腕上的绳子。

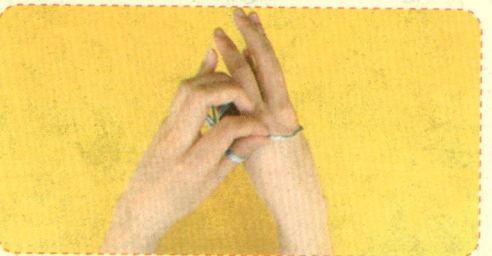

完成

24 再松开右手手腕上的绳子。

橡皮筋、小孩

在翻小孩子的过程中，你会发现一种可以翻皮筋的方法。

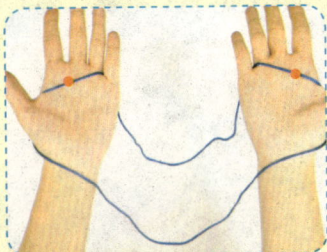

1 将绳子分别挂在双手的拇指和小指上。用中指相互取●绳子。

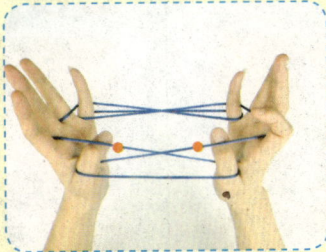

2 取后的形状。

3 用小指挑●绳。

4 再用拇指挑●绳。

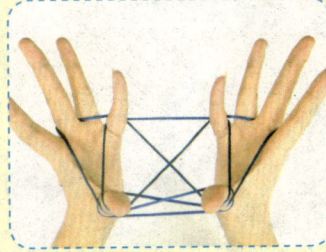

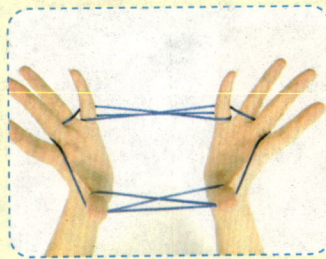

5 挑完后的形状。

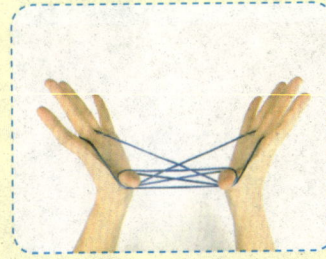

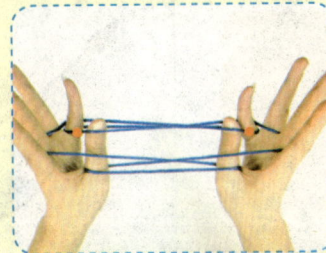

6 拇指再去挑挂在小指上的●绳。

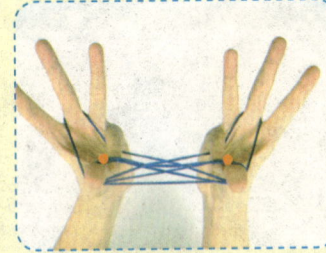

7 挑完后就变成了这个形状。

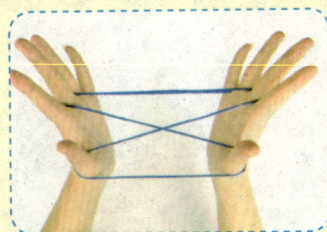

8 将小指上的绳子松开。

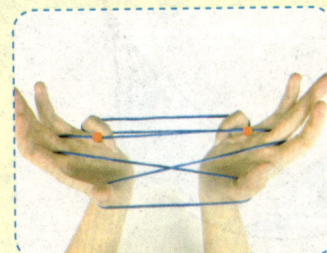

9 再用小指挑拇指上●两根绳子。

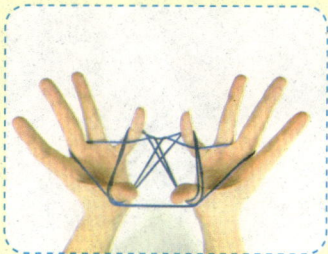

10 挑完后的形状。

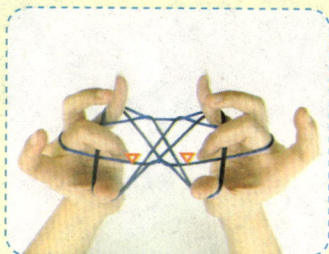

14 将中指弯曲插入▽中。

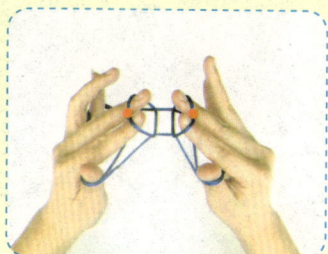

18 再用示指和中指向上挑●绳子。

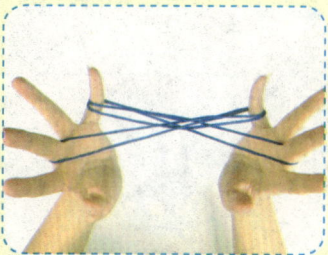

11 松开拇指上的绳子。

15 然后将套在中指上☆绳松开。

19 一条带橡皮筋完成了。

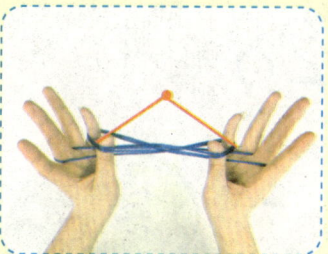

12 再用拇指取小指上●绳。

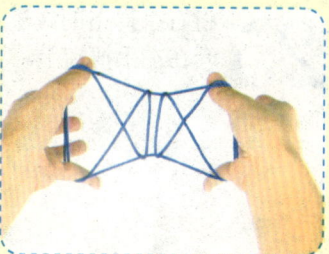

16 松开就成了这个形状。

完成

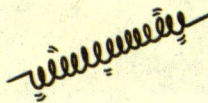

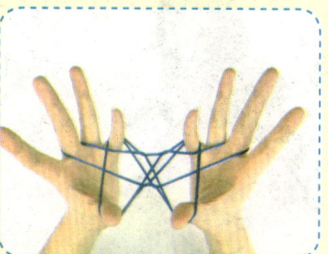

13 取完后的样子。

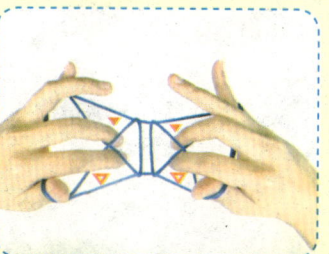

17 接下来，将示指插入▽中，指插入▼中。

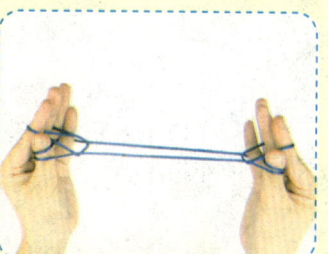

20 双手手指合并在一起皮筋就变长了。

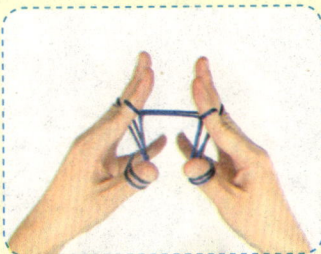

21 双手手指张开皮筋就变短了。

24 同样的方法，将手指再转向上，将左手拇指插入套在右手拇指的绳中。

27 将取下示指的绳子套在右手中指上。

22 将手指转向下，左手小指插入套在右手小指的绳子中。

25 将右手拇指的绳子套在左手拇指上。

28 右手向上拉绳，呵呵！一个小孩子完成了。

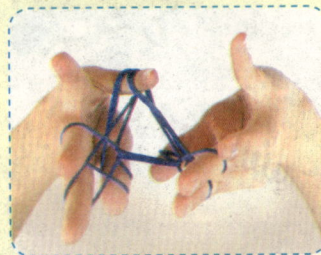

完成

23 把右手小指上的绳子取下后套在左手小指上。

26 再将右手示指的绳子取下。

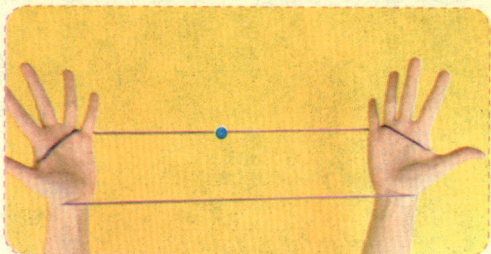

1 把绳子分别挂在拇指和小指上。准备将●绳缠绕到双手上。

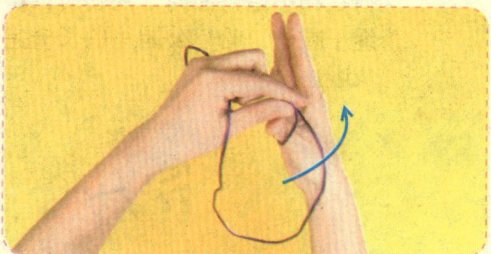

2 按→方向将绳子缠绕在右手的拇指。

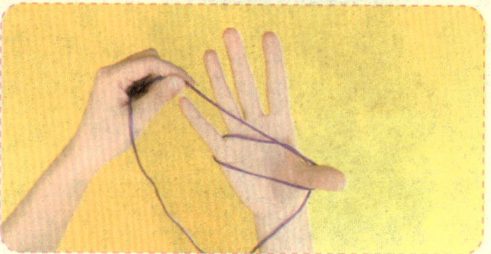

3 再将绳子挂在右手的小指上。

4 缠绕完成后再用同样的方法将绳子缠绕到左手的拇指和小指上。

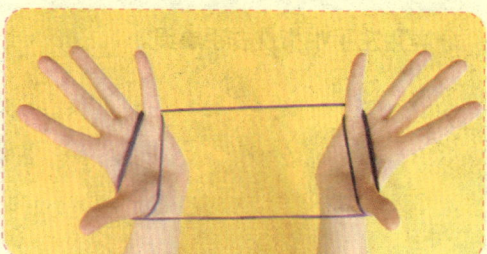

5 完成后的形状。

6 接下来用右手中指挑左手●绳。

难易度
★☆☆☆
人数:1人
趣味性
★★☆☆

长椅

这款翻绳游戏能够做出形象又立体的小长椅，我们坐上去休息一下吧！

159

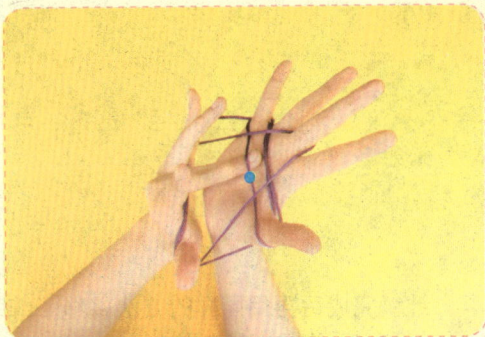

7 再用左手中指挑右手●绳。

8 挑完后的形状。

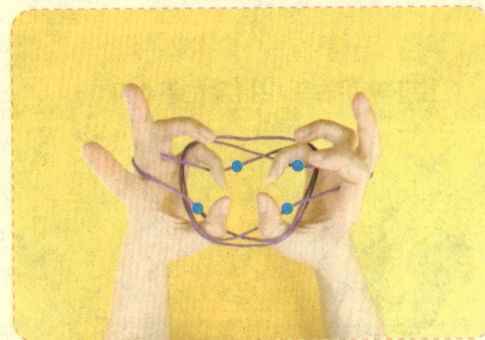

9 再用双手拇指、小指分别压住●绳。

10 拇指和小指弯曲向下翻转后，将绳子拉平，哈！公园里的长椅完成啦！

完成

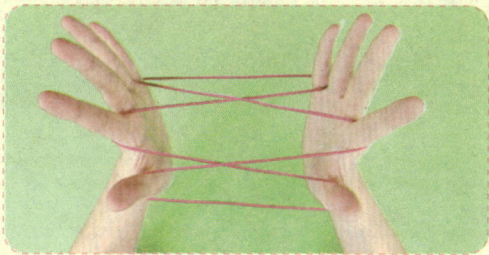

1 A人先做好中指步骤。

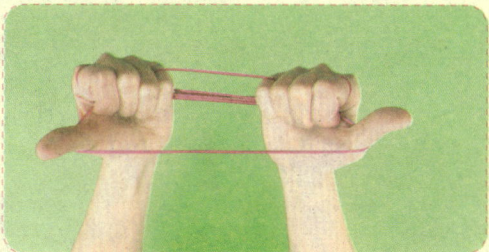

2 双手除拇指的四根手指将中间四条交叉绳子握住。

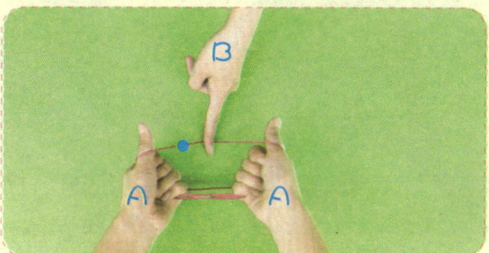

3 再将双手拇指指向前方，B人用示指将●绳子钩住不动。

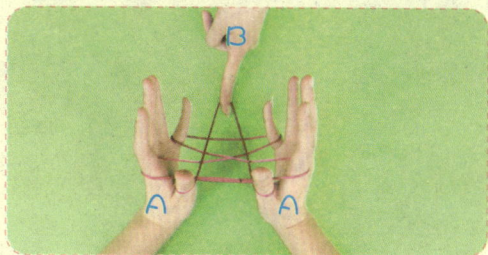

4 这时A将握绳子的手指张开。

5 用左手取右手示指上的绳子。

6 取下后将绳子套在左手示指上。

难易度

★★★

人数：2人

趣味性

★★★

棕榈树

只有顺利完成示指和小指互相取绳子的步骤，才能让自然芳香的棕榈树拔地而起。

161

7 同样，用右手将套在左手示指上的绳子取下。

8 将取下来的绳子套在右手示指上。

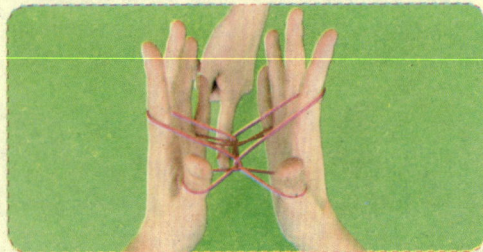

9 准备再同样的方法将小指上的绳子左右手交换。

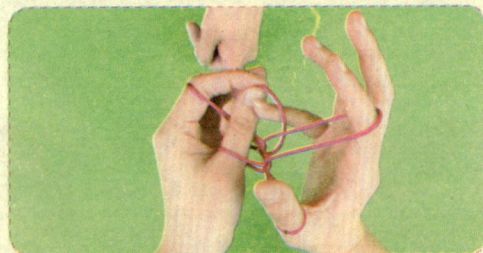

10 首先用左手将右手小指上的绳子取下。将取下的绳子套在左手小指上。

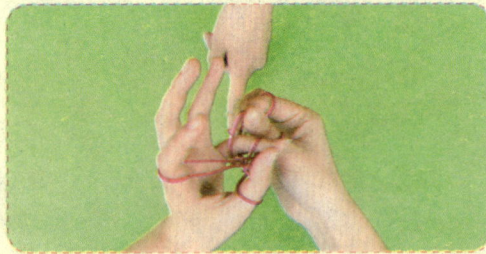

12 再用右手将左手小指上的原来的绳子取下。

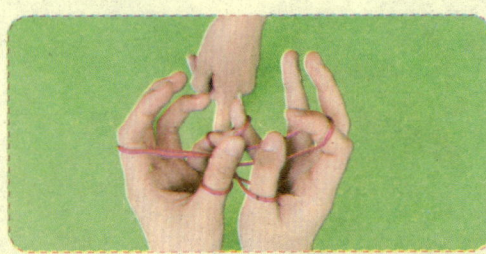

13 取下后将绳子再套在右手小指上。

14 将双手手指张开，棕榈树拔地而起。

完成

第四章

双人

易趣篇

双人翻绳

双人游戏比单人游戏变玩起来有更多是趣味性。

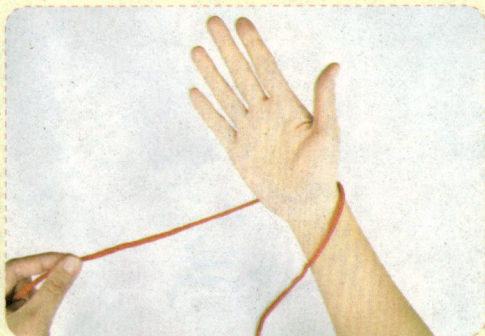

1 A先将绳的一端套在右手手腕上。

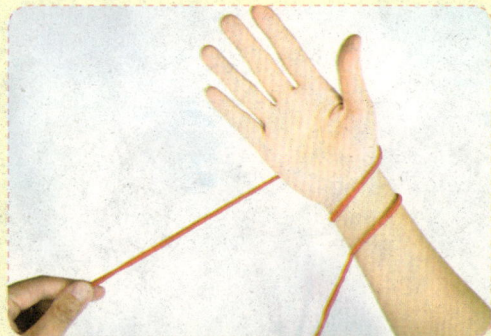

3 完成后的样子。

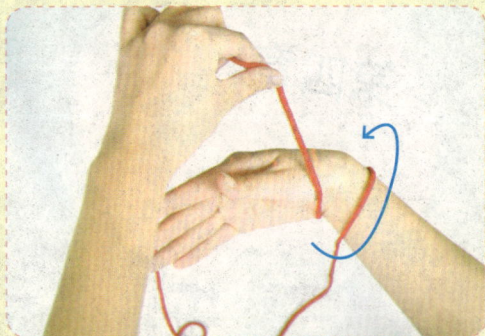

2 然后用左手将绳子按→方向套在右手手腕上。

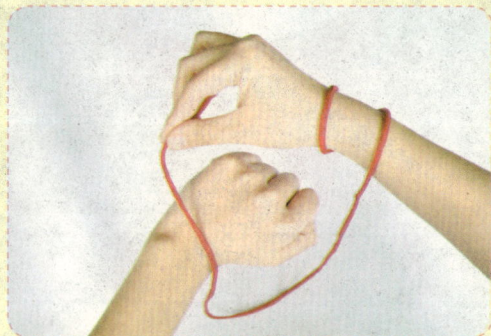

4 接下来,将绳子的另一端套在左手的手腕上。

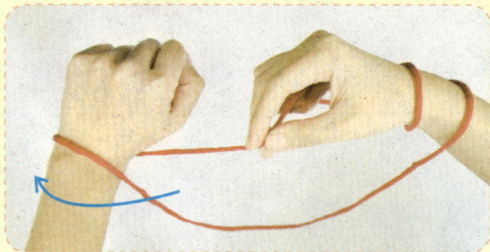

5 用右手捏住绳子按→方向套在左手手腕上。

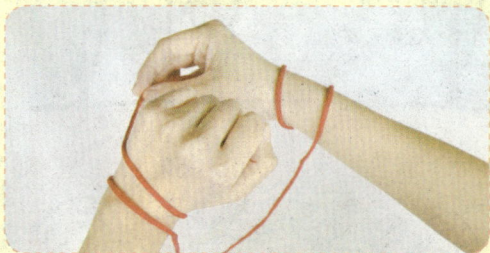

6 套绳的过程。

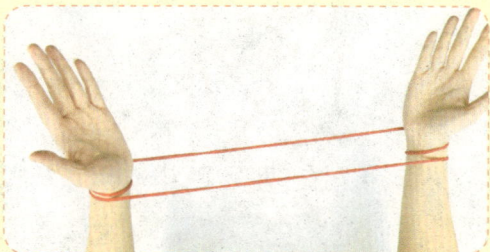

7 双手手腕套完绳子后的样子。

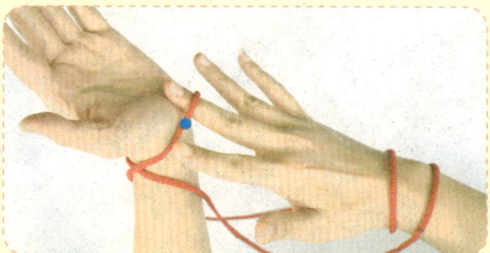

8 用右手中指取左手手腕上●绳。

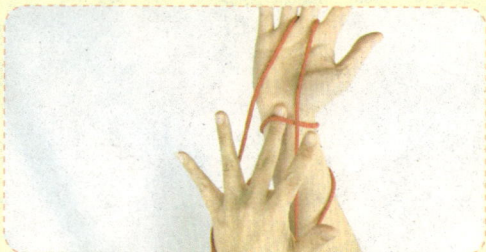

9 再用左手中指取右手手腕上的●绳。

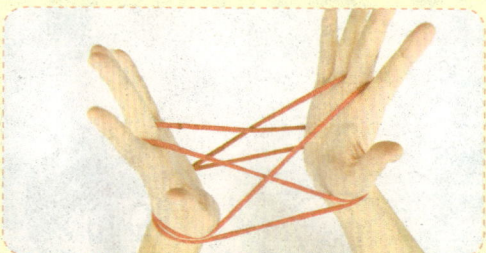

10 互相取完后的样子。

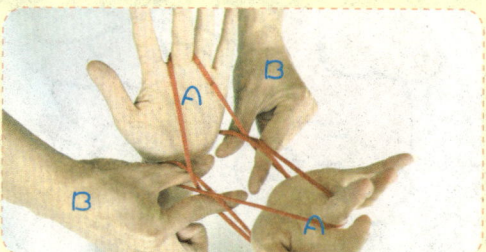

11 这时B人将拇指和示指横着伸入交叉的绳子中。

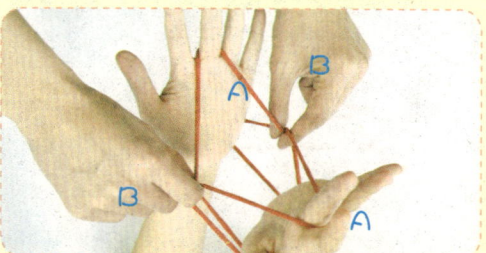

12 B人用拇指和示指捏住交叉点。

165

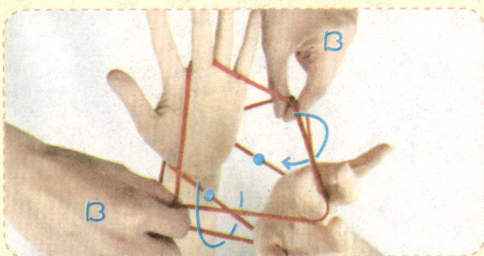

13 将B捏绳子的双手向左右两侧拉。
按→方向从下往上翻过●绳子。

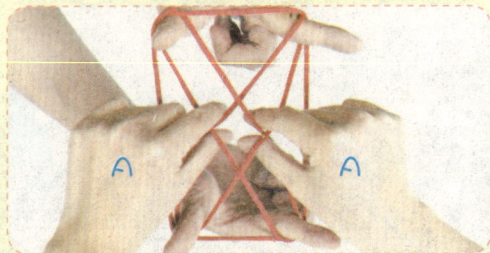

15 接下来，A人用拇指和示指捏住绳交叉处。

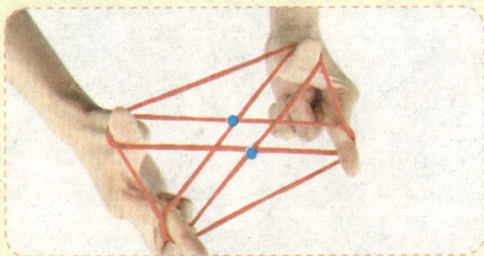

14 双手抻开这是翻完后的样子，我们叫它"稻田"。注意●绳交叉处。

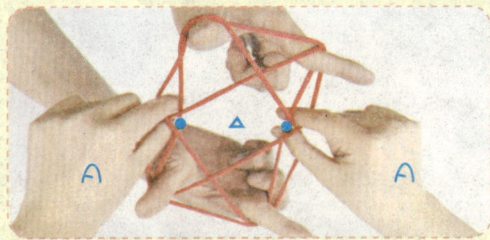

16 用拇指和示指按→方向由下往上翻●绳，从△处翻出来。

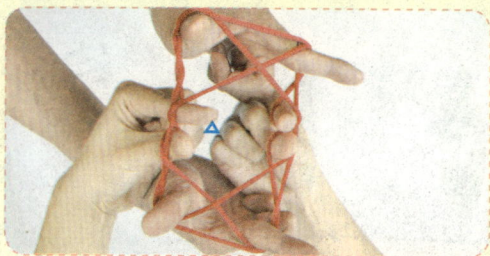

17 将拇指和示指插入△中，B人松开绳子。

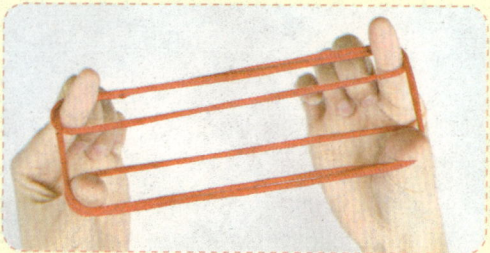

18 完成后就变成了"一条小河"。

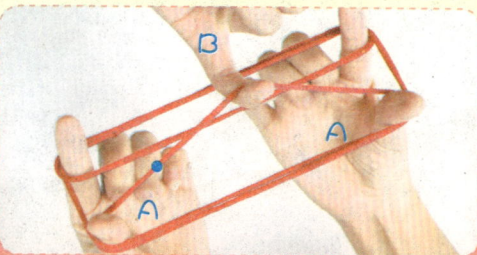

完成

B将左手小指向左钩●绳。

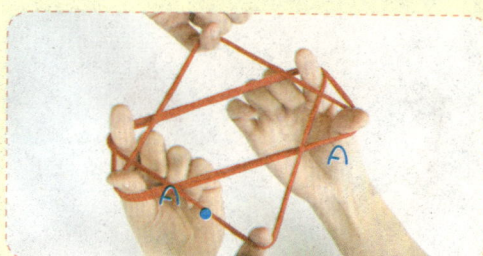

20 B再用右手小指向右钩●绳。

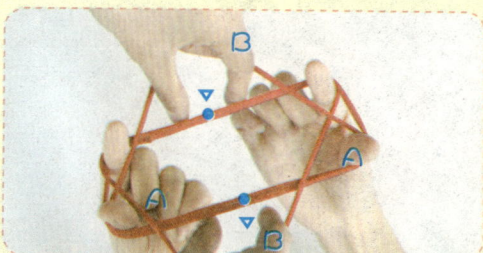

21 钩完后，再用拇指和中指伸入▽中从下往上翻●绳。

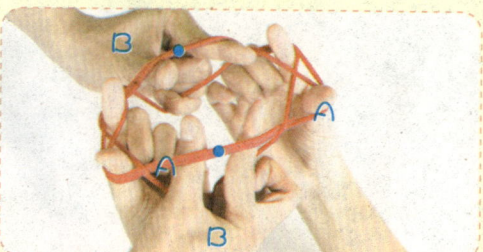

22 B挑起●绳时注意要夹住小指上的绳子。

A松开绳子，完成后的样子。注意●绳交叉处。

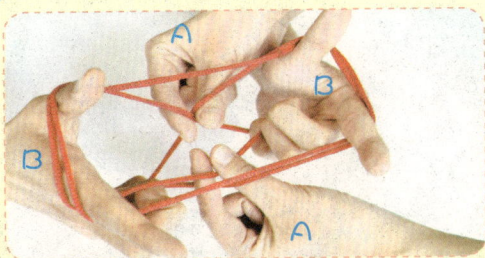

24 这时A用拇指和示指捏住的绳子交叉处。

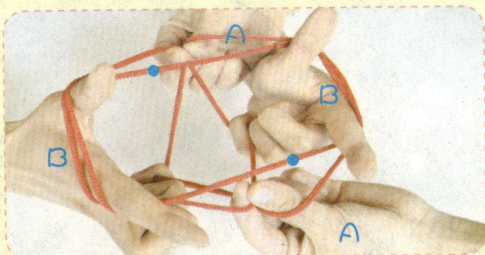

25 从●绳上翻过。

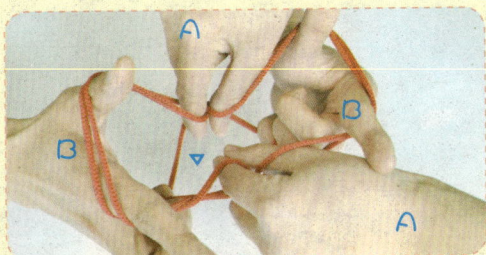

26 翻过后将双手的拇指和示指插入▽中，再将双手向两侧抻拉。

27 抻拉的同时，B松开手全部的绳子，又成了"麦田"。

完成

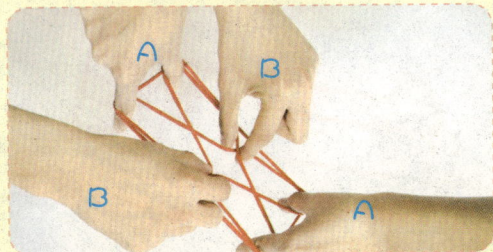

28 接下来，B用拇指和示指捏住●绳子交叉处。

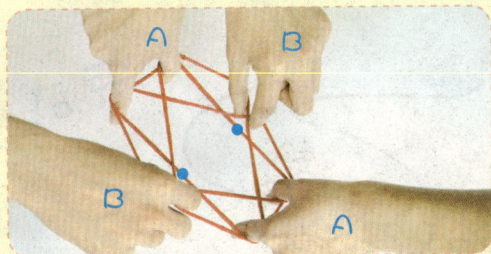

29 将绳子从●绳上翻过。

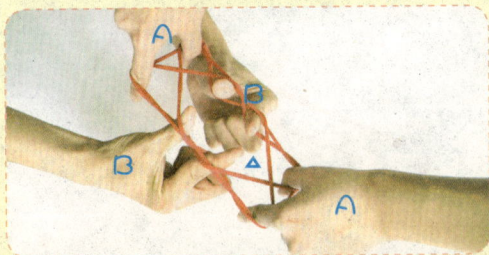

30 翻过后将双手的拇指和示指从下往上插入△中。

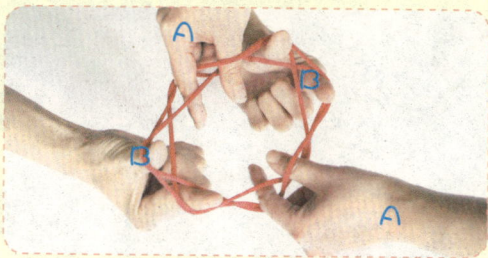

31
插入后将A绳子挑起来。

32
A将绳子从手上松开。"菱形"。

完成

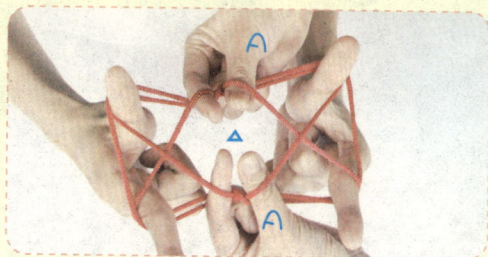

这时A再用双手的拇指和中指捏住
●绳交叉处。

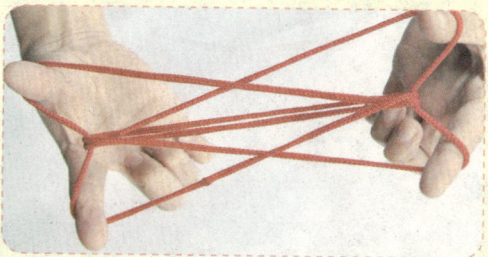

34
再将拇指和中指由下往上穿过△
中后，左右手向两侧分开。

35
哈哈，完成了朝鲜族的"长鼓"。

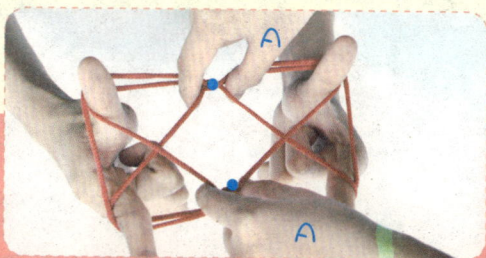

完成

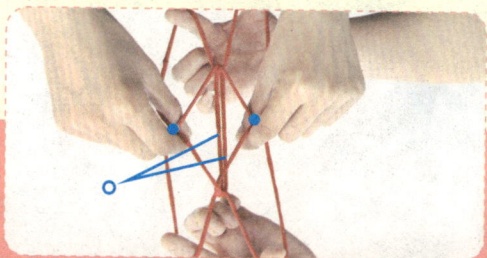

B用拇指和示指捏住绳子●绳交叉
处，再从两条○绳中间由下向上
穿过。

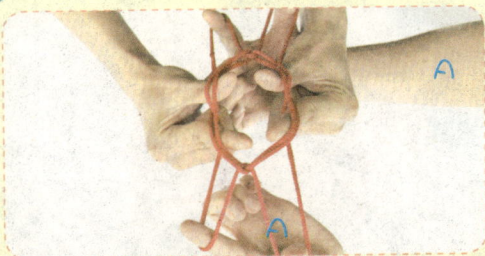

37 穿过绳子的过程。这时将A手上的绳子全部松开。

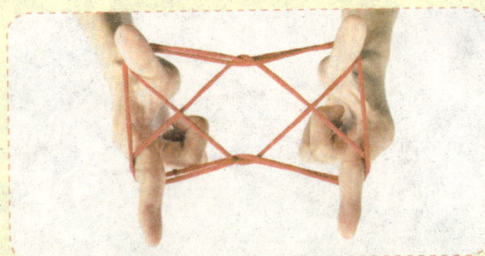

38 怎么又回到了"菱形"？

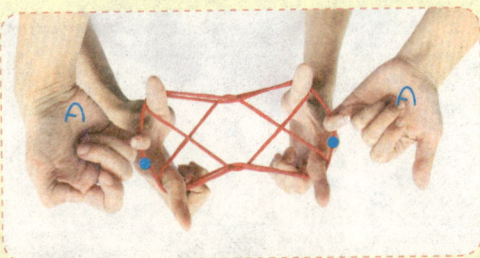

完成

39 接下来，A用小指钩●绳子。

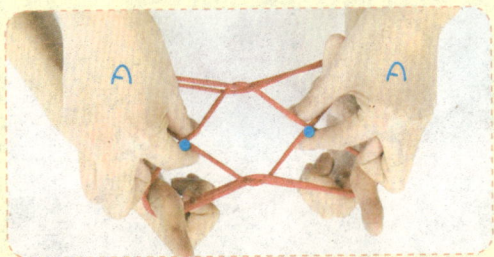

40 再用拇指和中指捏住●绳交叉处。

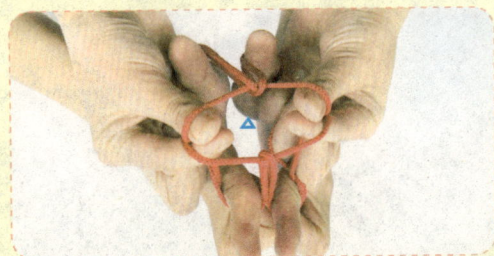

41 然后将拇指和中指穿过△处，由下往上翻转。

42 翻转后双手向两侧抻拉。同时B松开绳子。

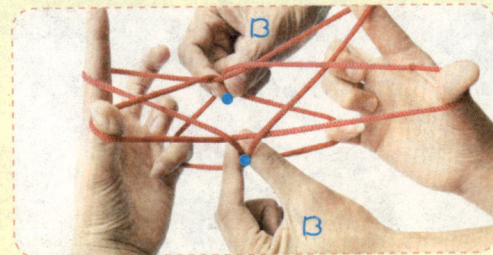

43 B再用双手的拇指和示指捏住●处，同时往两侧拉伸。

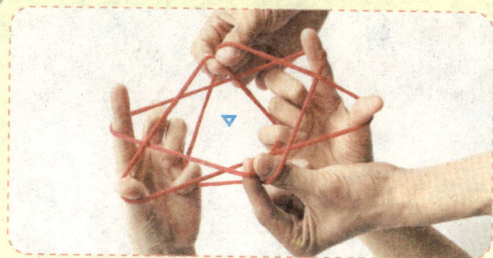

44 从上方插入▽中。

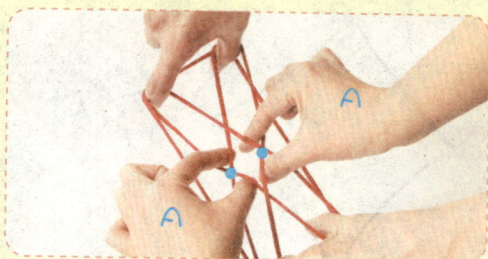

45 左右抻拉绳子A松开绳。

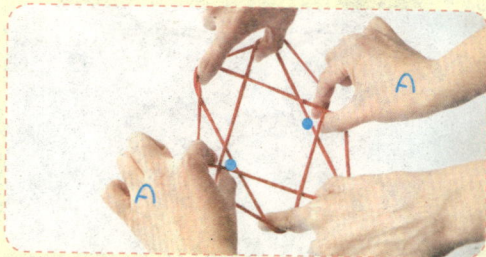

46 又回到了15步的"麦田"。

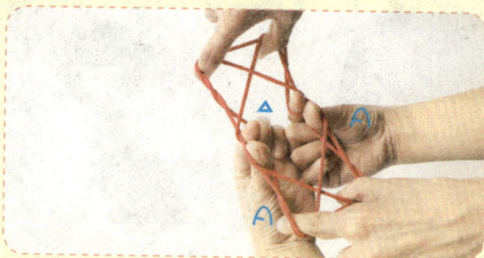

完成

47 A用拇指和示指捏住●绳交叉处。

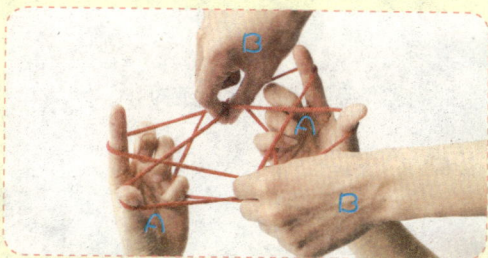

48 将绳子从●绳上翻过。

49 翻过后将双手的拇指和示指从下往上插入△中。

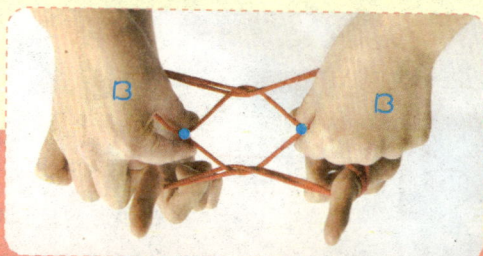

B将绳子松开，A左右调整一下，又形成了"菱形"，B用拇指和示指捏住●绳交叉处。

完成

教你玩
JIAONIWAN

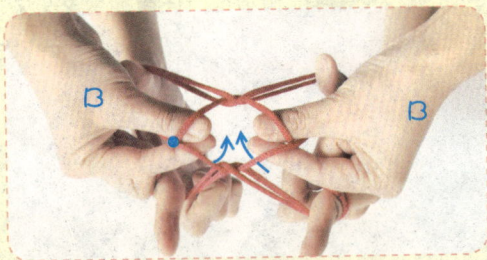

51 B按→方向从下往上翻转。

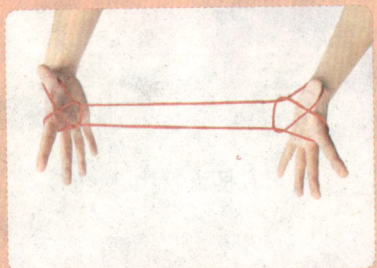

1. 将手张开，绳子就变短。

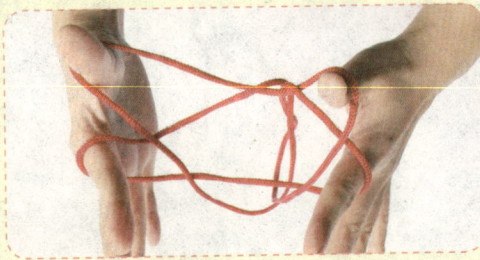

52 翻转后左右拉伸。

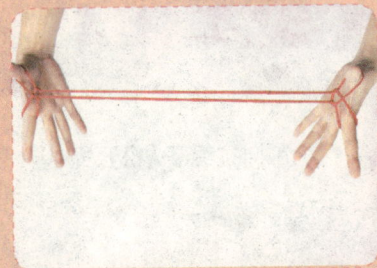

2. 将手指合并，绳子就变长了。

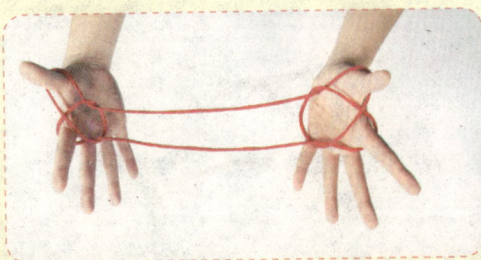

53 最终变成了"橡皮筋"。

完成

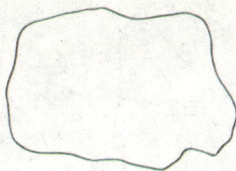

1 准备几根长短不同的绳子，由短至长使用。先把第二短的一根绳子平放在桌子上。

2 在把最短的绳子分别套在AB两个人手腕上。

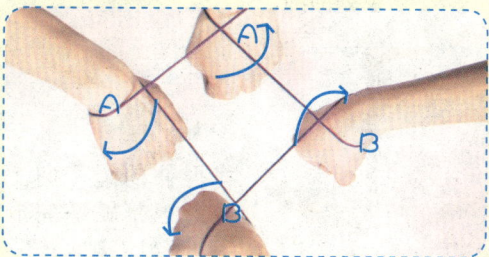

3 将手腕按→方向翻转，使绳子缠在手腕上。

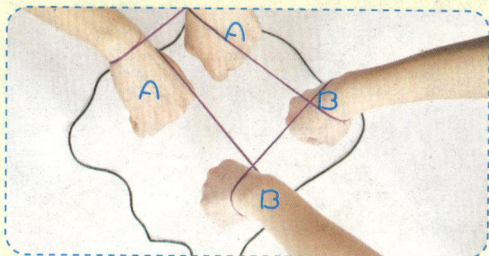

4 将绳子缠完后，两个人同时用双手将桌上的绳子拿起来。

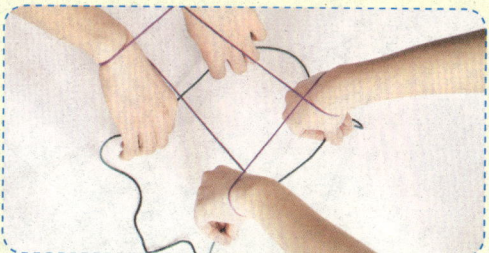

5 然后将拿起的绳子从套在手腕上的绳子中间穿过。

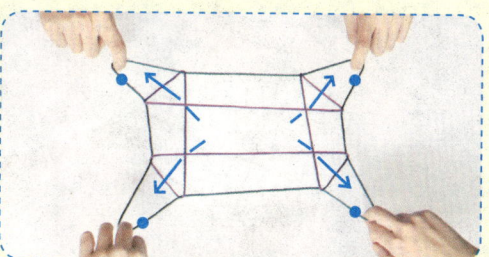

6 ●绳按→方向拉出并拉紧，中间形成了一个四角形。

巴黎铁塔

这是国外传来的三人玩的立体翻绳游戏，可以让爸爸妈妈一起参加共同完成。

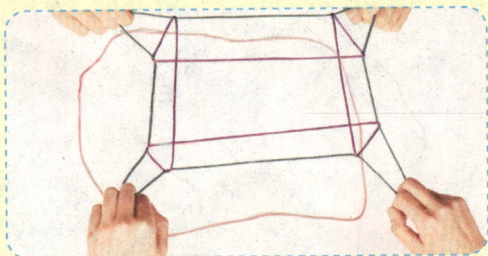

7 这时将第三根绳子平放到桌子上。

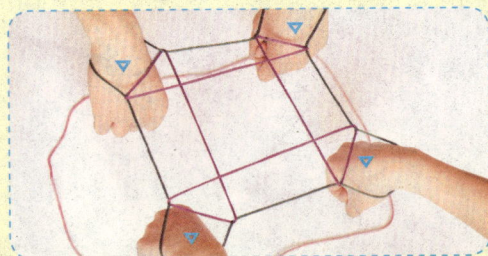

8 将A、B拉绳子的手逐一的插入▽中。

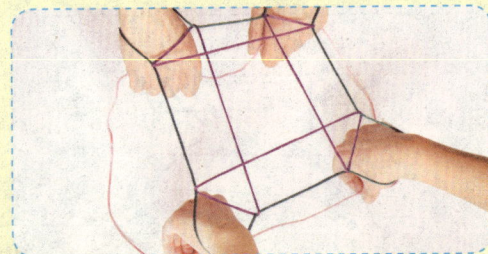

9 AB双手将第三根绳子拿起来。

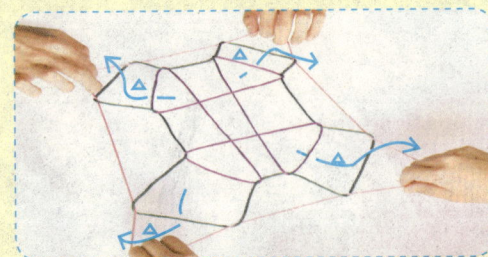

10 然后将拿起的第三根绳子按→方向从△处拉出来。

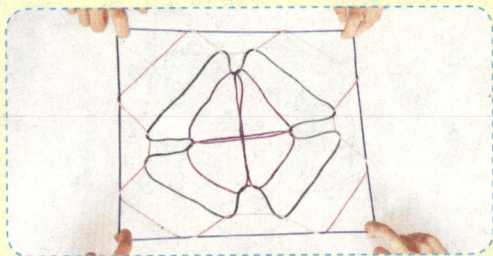

11 剩下的几根绳子也按照同样的方法进行。

12 将准备好的绳子全部穿过后将绳子拉紧，这时第三个人用手捏住●处的绳子。

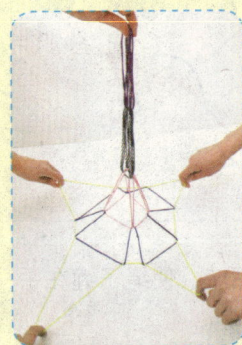

13

将捏住的绳子向上拉，巴黎铁塔完成了。很壮观吧!

完成

第五章

魔术

耍酷篇

手指松绑1

这是非常经典的一款游戏，玩起来很顺畅，可以一口气将绳子从手指中拉出来。

1 做好中指基本步骤。

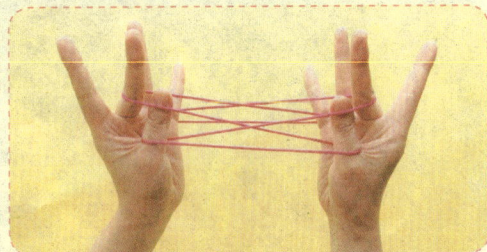

4 将小指上的绳子松开。

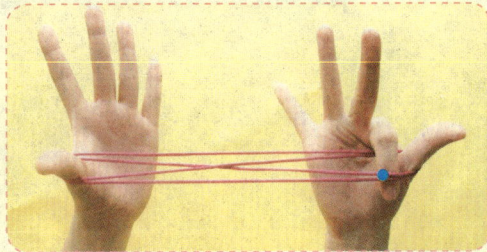

2 然后将中指上的绳子小心的移到拇指上。

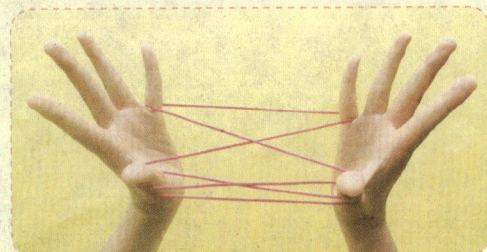

5 松开后再用右手示指挑●两根绳子。

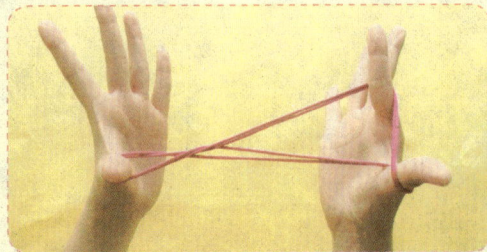

3 移过后的样子。

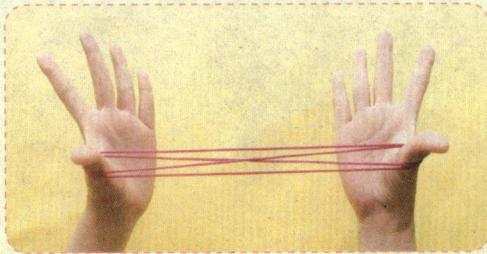

6 挑完后的样子。

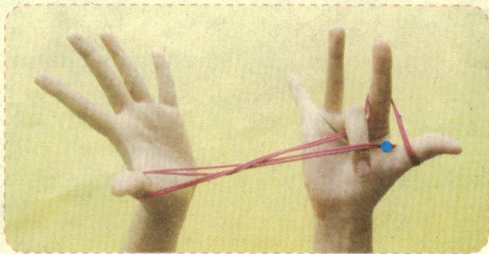

7 再用右手中指挑●两根绳子。

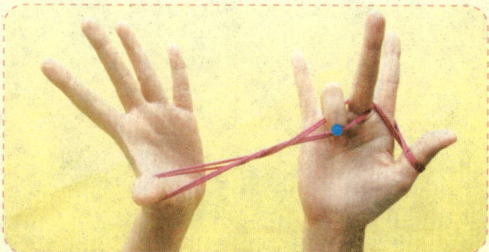

8 接下来，无名指以同样的方法挑●绳。

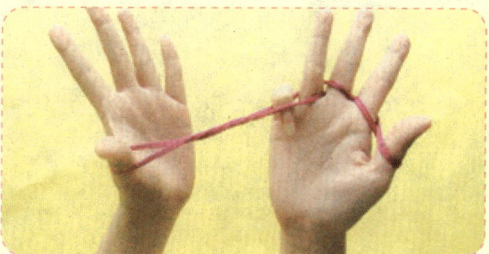

9 最后小指也用相同的方法挑绳子。

10 将套在左手拇指上的绳子松开。

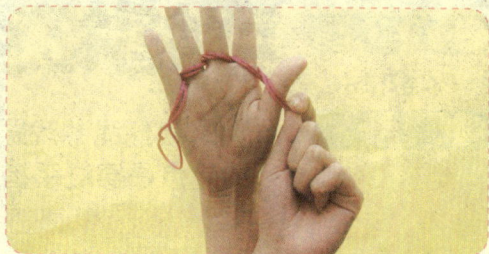

11 左手拉住绳子的另一端。

12 慢慢地向外拉绳子。

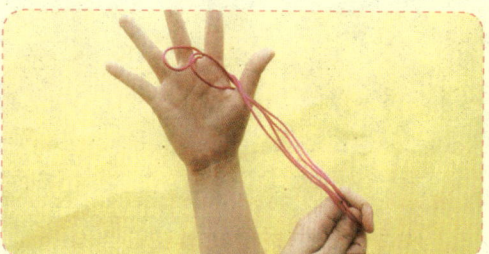

13 绳子逐渐从每个手指上脱离。

完成

手指松绑2

这款翻绳游戏跟"手指松绑"玩法很相近，重点是穿过手指间取绳的过程。

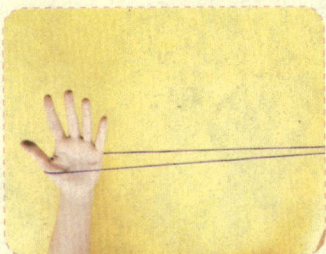

1 首先将绳子的一端挂在左手上。

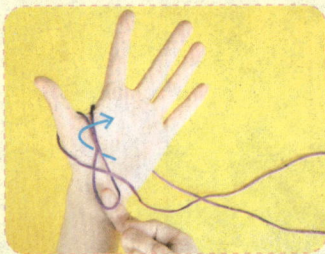

2 然后用右手示指从●绳下将左手手背上的绳子从拇指和示指中间钩到前面。

3 钩完后不要松开手指。

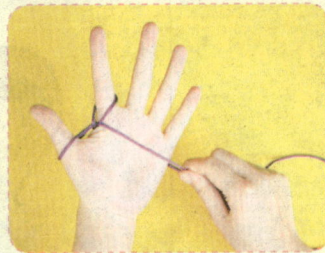

4 将钩过来的绳子按→方向翻转。

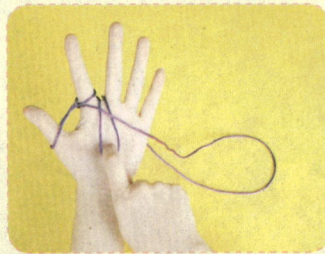

5 翻转后，将绳子挂在左手示指上。

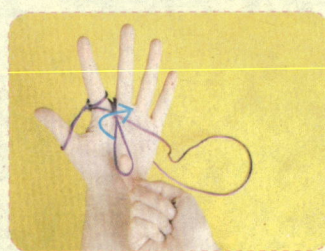

6 挂完后用右手将垂下来的绳子拉紧。

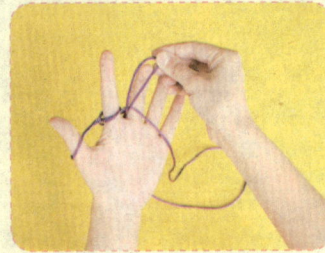

7 用同样的方法用右手示指将绳子从左手示指和中指中间钩到前面。

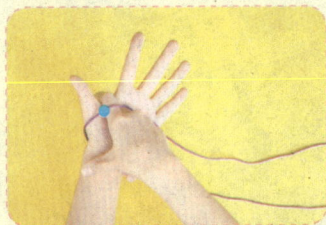

8 将钩过来的绳子→方向翻转。

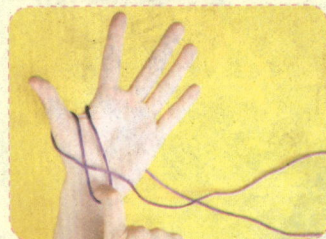

9 将绳子挂在中指上。

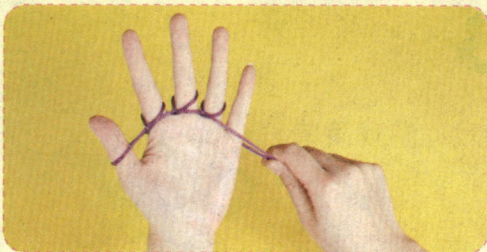

10 同样的方法将绳子挂在无名指上。

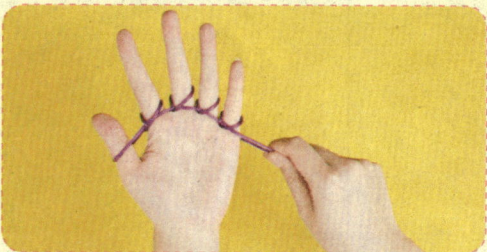

11 最后挂在小指上，拉紧绳子。

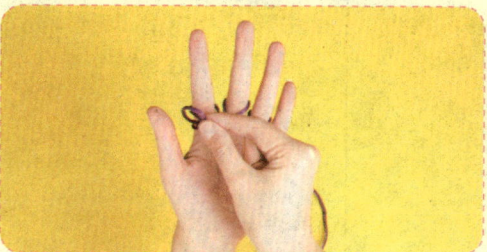

12 接下来将套在左手拇指上的绳子松开。

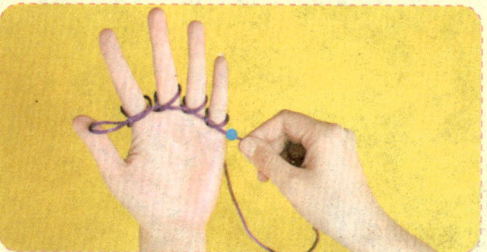

13 右手拉住●绳。

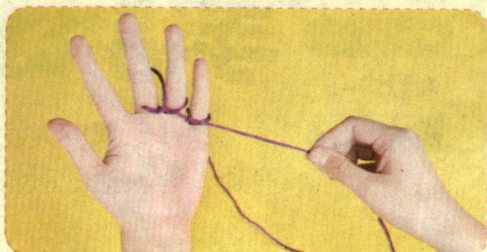

14 缓慢的向外拉绳子。

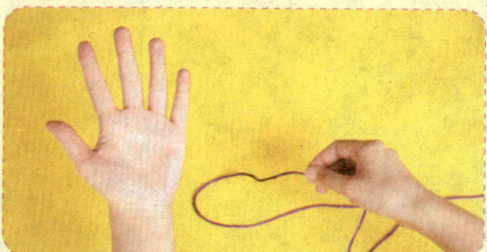

15 你会发现绳子一个一个从手指中间脱离，最后被绳子缠住的手指全部逃掉了。

完成

像神奇的魔术一样，在你的朋友和家人间SHOW一下吧！

手指松绑3

这是印第安人发明的游戏，游戏简单有趣，有人把它叫做"穿墙"。

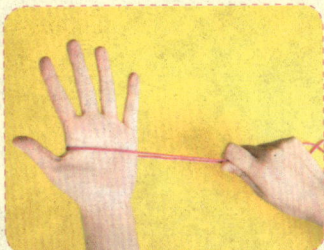

1 将绳子挂在左手手掌上，垂到手背后面，右手拉住绳子垂挂的一端。

2 将绳子从手背拉到手掌前。

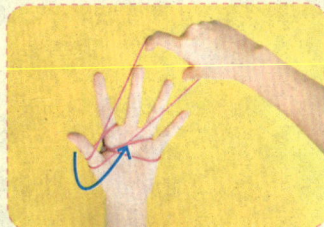

3 将拉着的绳子分别从左手的示指和中指间、无名指和小指间穿过。

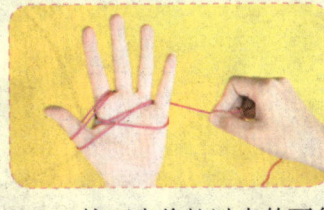

4 穿过后将右手拉的绳子穿过拇指和示指间。

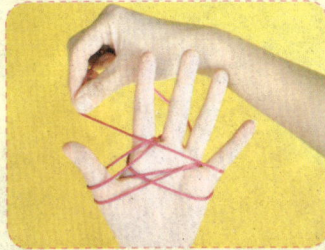

5 再按→方向围绕左手拇指将绳子再次拉到左手掌前。

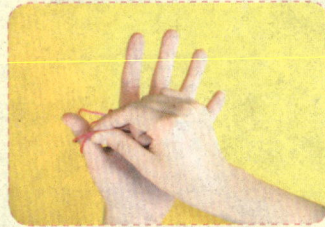

6 接下来将拉过来的两条绳子再分别从左手的示指和中指间、无名指和小指间穿过。

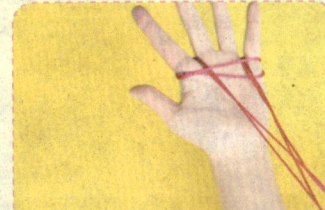

7 再将绳子从小指外侧转到手掌前，并从拇指和示指间穿过。

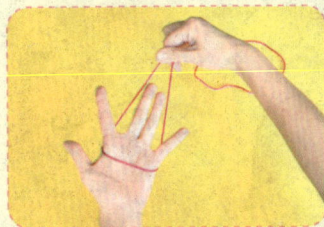

8 用右手将左手拇指上的两条绳子取下来。

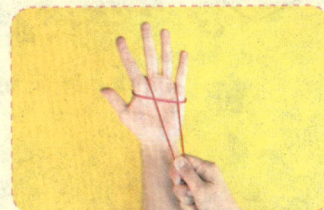

9 取完后，将绳子拉直。

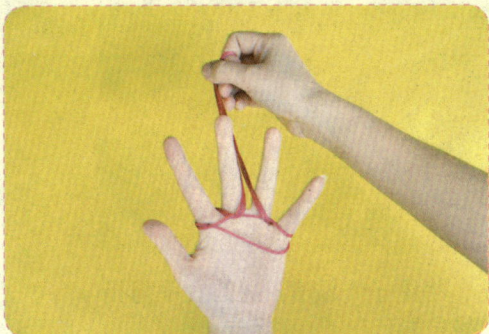

10 用右手握住绳子全部，从中指和无名指中间穿过。

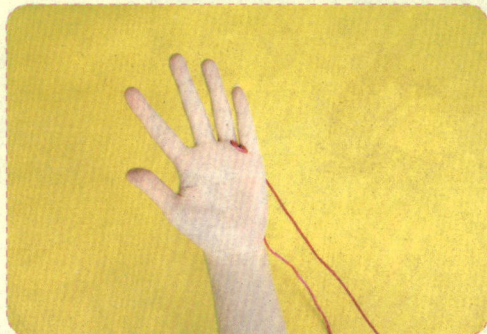

11 穿过后的样子。

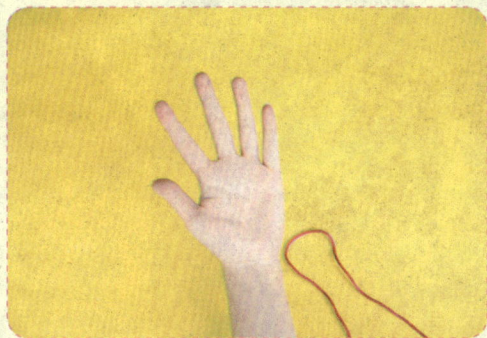

12 再用右手拉左手●绳。

13 随着拉动，绳子一点点从手指间脱离。

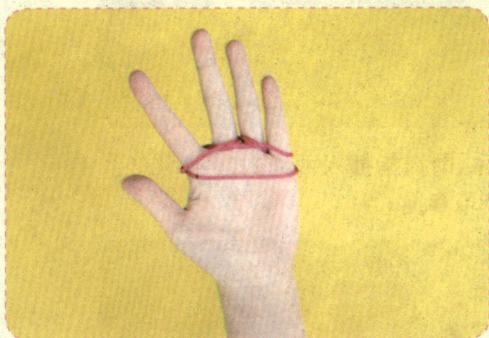

14 看！绳子全部脱离了。像不像绳子从墙体中慢慢穿过？慢慢练习吧！

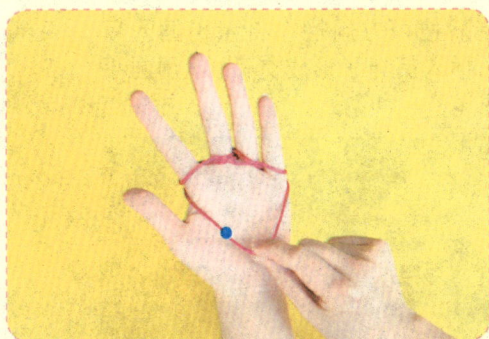

完成

手指
松绑4

这是由两个人配合完成的一项快乐游戏，找个人一起玩玩吧！

难易度
★★★★

人数：2人

趣味性
★★★★

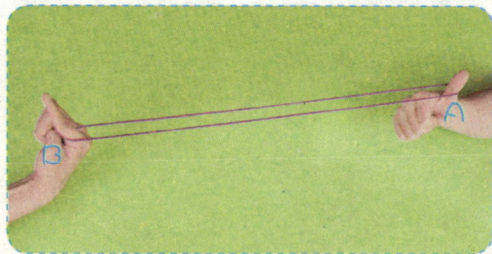

1 首先，将绳子一端套在A的右手拇指上，另一端套在B的示指上。

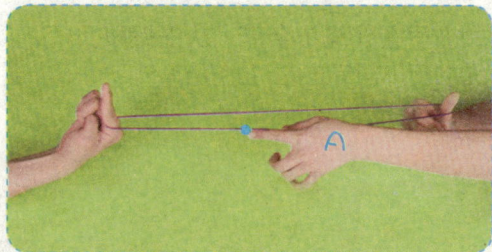

2 然后A的拇指插入两绳中，再用左手示指取●绳。

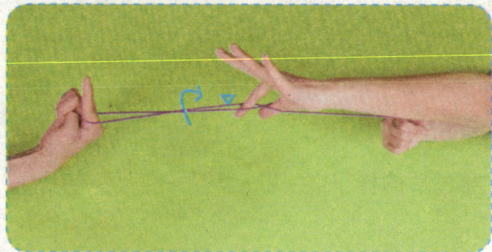

3 取完后按→方向挑，将示指插入▽中。插入后绳子形成交叉，A用左手捏住绳子。

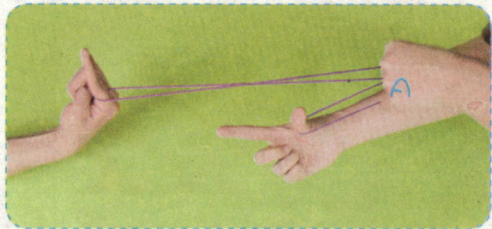

4 A的左手保持不动，右手向前移动。

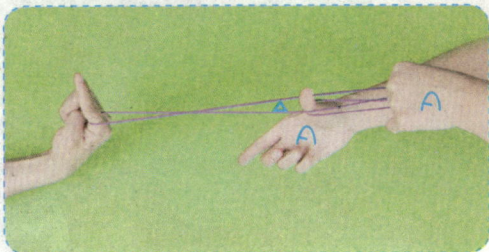

5 接着，A将拇指从下往上插入△中。

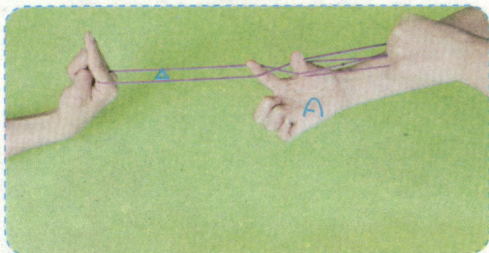

6 再将A的示指插入△中。

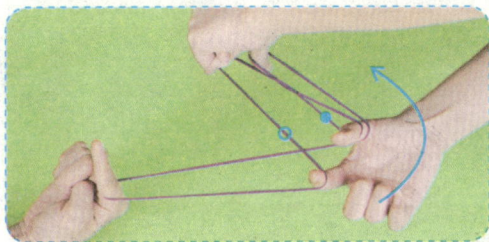

7 将左手绳子按→方向拉，右手示指钩住〇绳子，拇指钩住●绳子。

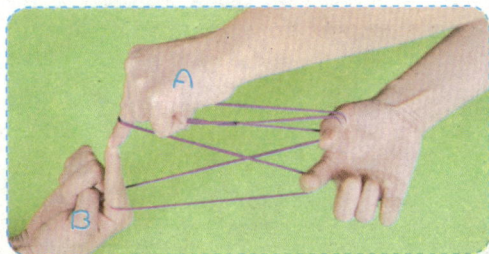

8 这时，A的左手示指指尖与B的示指指尖亲密接触。

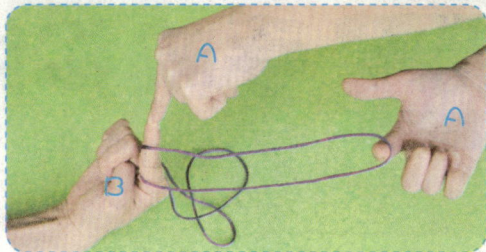

9 A松开挂在右手拇指的绳子。

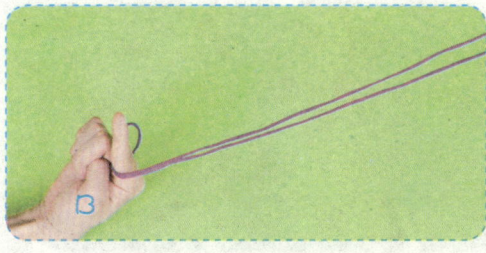

10 A示指轻拉绳子，快看呀，绳子缓慢地从B手指上的脱落，很有意思吧！

完成

手腕松绑

奇迹就在一瞬间，见证一下吧！

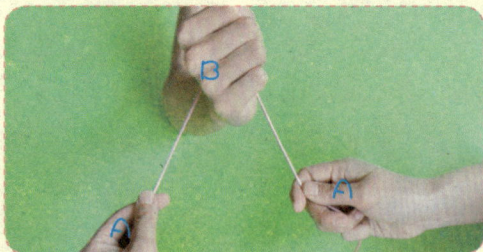

1 首先，A将绳子的一端挂在B的手腕上。

2 然后A右手上的绳子绕B手腕一周。

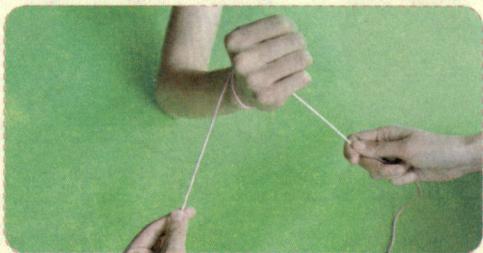

3 绕完后，A的双手拉直绳子。

4 接下来将●绳挂到A左手的拇指和小指上，再将○绳挂在右手的拇指和小指上。

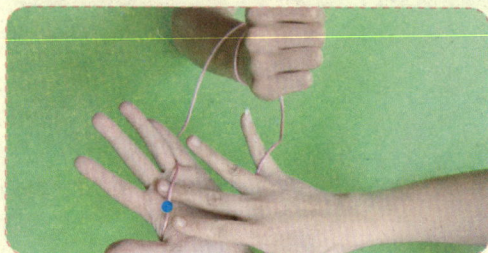

5 再用右手中指取左手●绳。

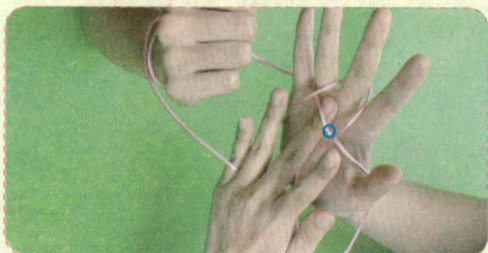

6 用左手中指取右手的●绳。

184

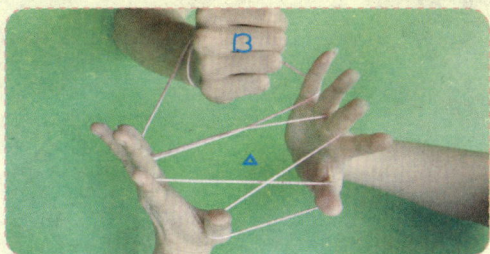

7 准备将B穿过△中。

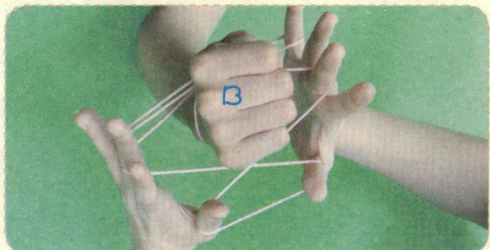

8 B将整个手从下往上穿过。

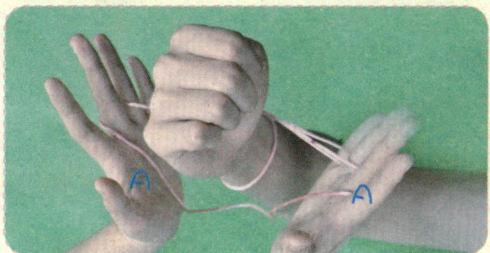

9 B穿过后，A松开双手拇指上的绳子。

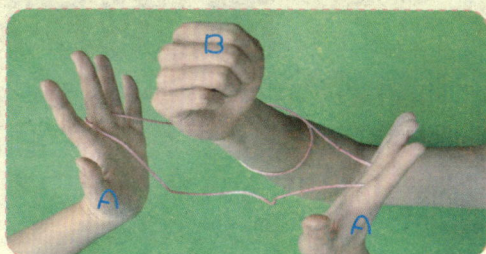

10 再松开双手小指上的绳子。

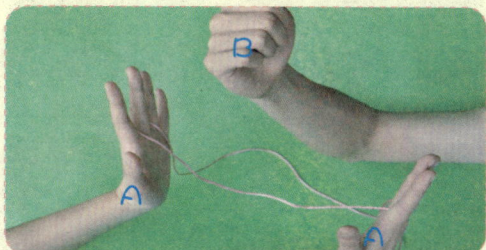

11 A的双手向两侧一拉，见证奇迹的时刻到来了，绳子全部从B的手腕上脱离了。

完成

逃跑的指环

漂亮的指环不喜欢被束缚，想尽了一切办法，终于逃脱了绳子的束缚，它是怎么做到的？

1 准备一枚指环，将绳子穿过指环。

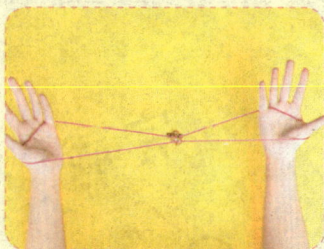

2 将绳子的两端分别挂在拇指和小指上。

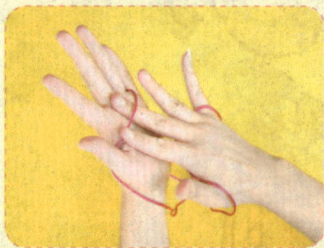

3 用右手中指挑左手手掌的绳子。

4 用左手中指挑右手手掌里的绳子。

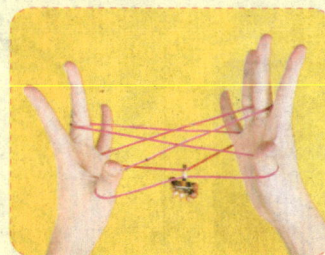

5 挑完后的样子。

"啪"

6 接下来，是关键的一步，"啪～"击掌合并。

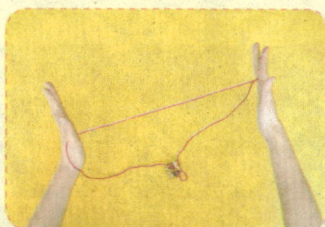

7 这时，迅速地将除左手拇指，右手中指外其他手指上的绳子松开。

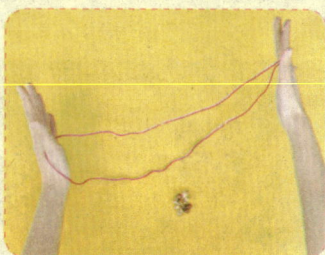

8 哇！指环从绳子上逃跑了。

完成

186

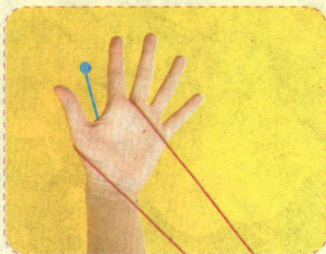

1 首先将绳子的一端挂在左手的拇指和示指上。然后将手背上的●绳拉出来。

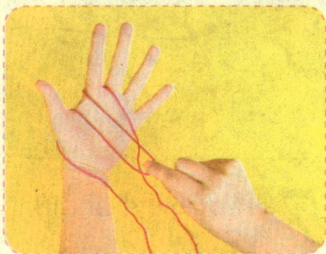

2 用右手将绳子从左手的拇指和示指中间拉出来。

3 拉出绳子后的形状。

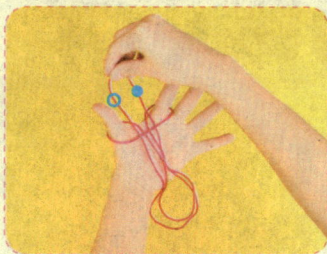

4 将刚刚拉出来的绳子一半重新穿过到拇指和示指中间。再将穿过的○绳和●绳分别挂在左手的拇指和中指上。

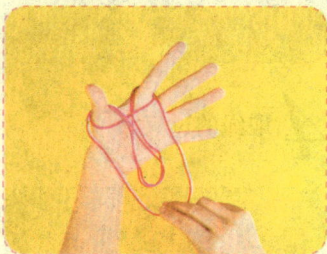

5 完成后右手不要松开。

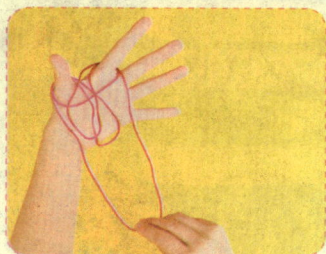

6 右手将捏住的绳往下拉。

7 左手上的绳子不见了。

完成

抽绳魔术

很有创意的翻绳游戏。绳子似乎想要缠住手指，结果还是失败了，想知道为什么吗？

钻扣眼魔术

这个游戏需要多练习，才能在最后一步顺利松开。

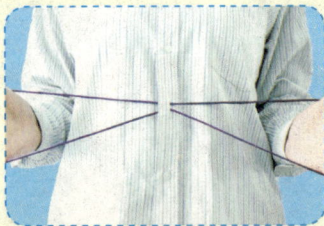

1 找一根绳子穿过衣服的扣眼。绳两端分别挂在双手的拇指和小指上。

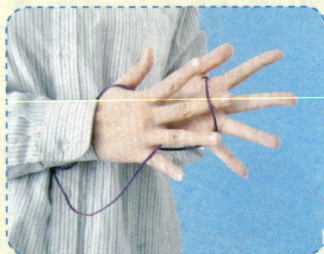

2 然后用右手中指取左手掌上的绳子。

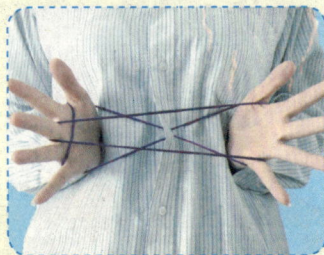

3 再用右手中指取左手掌上的绳子。

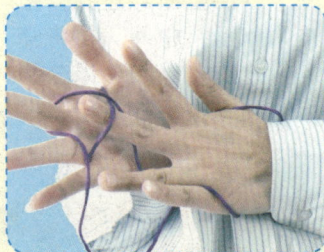

4 取绳的过程。

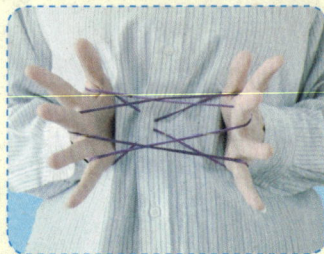

5 双手取完后的样子。

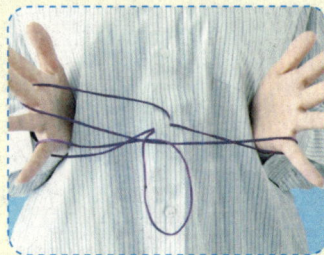

6 接下来松开左手拇指上的绳子。

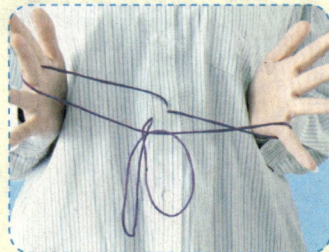

7 再松开右手小指上的绳子。

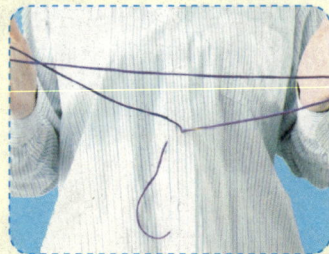

8 松开后，两手将绳子向左右两侧抻拉。

完成

9 太神奇了，绳子竟然从扣眼里跑出来了！

1 先将绳子套在左手手腕上。

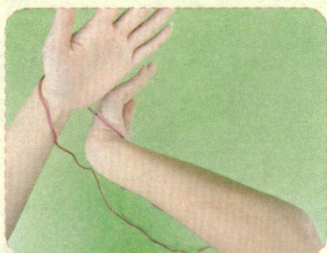

2 再将右手插入▽中。

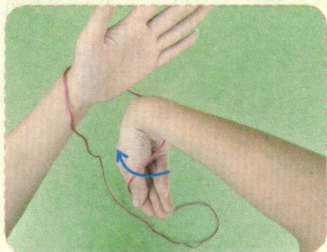

3 按→方向由外向内转动手腕，将外侧绳子缠绕的在右手手腕上。

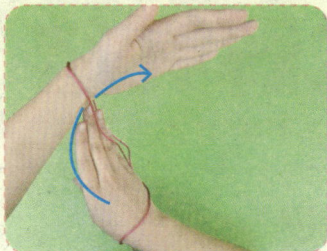

4 再将右手按→方向穿过左手腕的绳子。

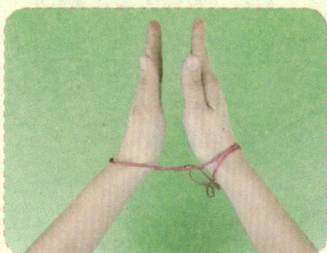

5 右手穿过后手心相对。

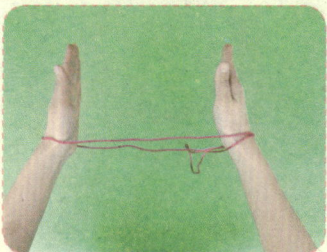

6 双手慢慢向左右两侧分开。

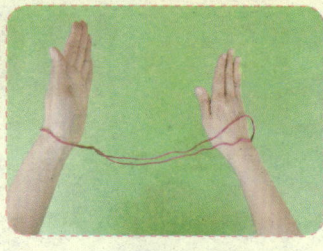

7 哇！缠在右手腕上的绳子脱落了。

完成

玩的时候可以动作快一点，让你的朋友们吃惊一下吧！

难易度

★☆☆☆

人数：1人

趣味性

★★★☆

抽手魔术

奇怪？怎么绳子就是套不住手呀？快帮我想想办法吧！

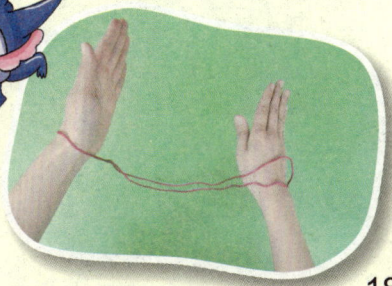

轻松解死结

"你最崇拜的魔术师是谁？" "大卫·科波菲尔！"今天我们也要像他一样成为一名魔术高手。

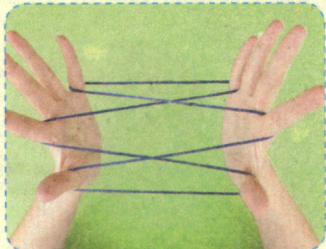

1 以示指基本步骤开始。

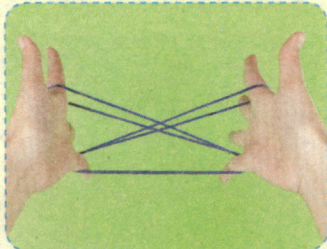

4 将手指指向前方。

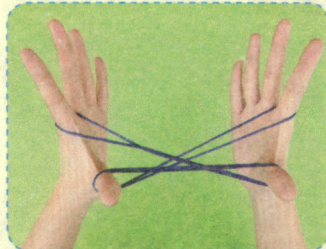

7 然后松开小指上的绳子。

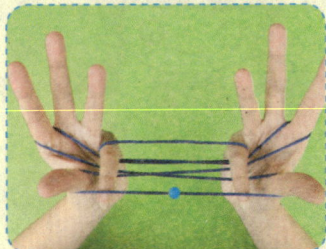

2 用小指将其他绳子压下取拇指上●绳。

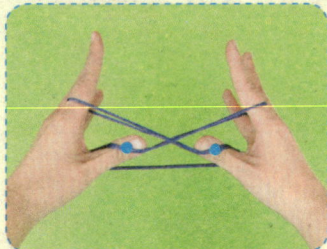

5 用拇指由下至上将●绳挑过来。

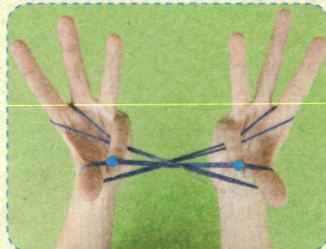

8 再用小指指尖挑●绳。

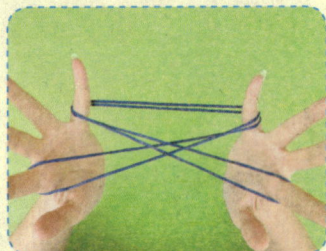

3 取完后的样子。

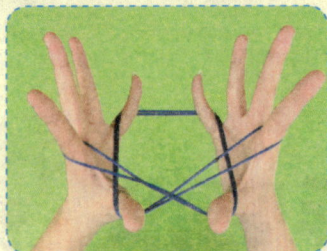

6 挑完后撑开手指。

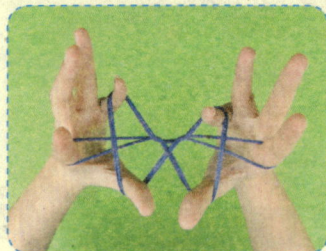

9 挑后的形状。

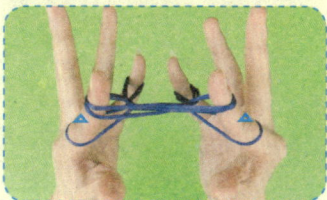

10 接下来双手示指由下至上插入△中。

14 示指下压将拇指的绳子松开。

18 扭转后的样子。

11 手指向上挑。

15 整理一下看一看。

19 这时，将拇指和示指松开。

12 挑绳子的同时将拇指上的绳子全部松开。再将拇指由下至上插入△中。

16 示指按→方向翻转，让示指上的绳子扭转一圈。

20 双手向左右两侧拉。

13 插入过程中。同时将示指弯曲伸入套在拇指上的绳子中。

17 用16步的方法，将示指上的绳子再扭转一圈。

21 奇怪，绳子是怎么解开了？

完成

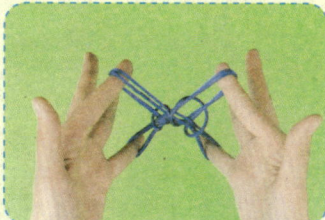

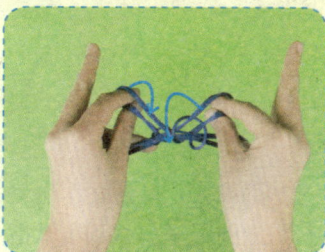

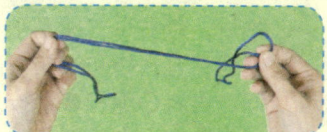

会换位的绳子

又一款好玩的游戏，练习后可以向你的朋友展示一下，肯定让他们大吃一惊。

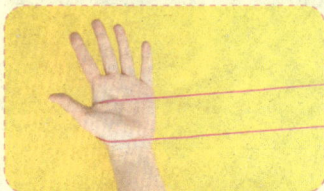

1 将绳子的一端套在左手的拇指上，右手捏住另一端。

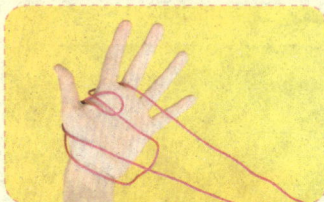

2 然后，将右手的绳子平整地穿过拇指和示指中间。再将○绳和●绳按→方向套在左手的拇指和示指上。

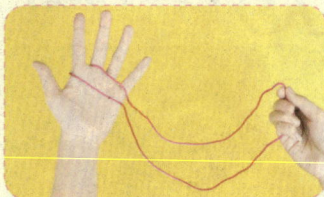

3 套完后的样子。

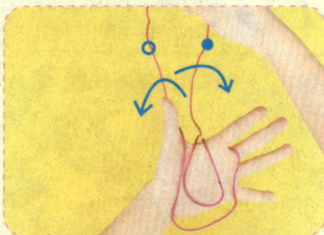

4 这时右手捏住绳子往下拉。

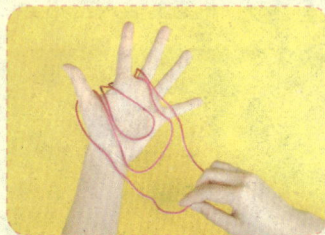

5 奇怪吧！原来套在拇指上的绳子怎么到了示指上了？绳子还能回来到原处吗？

6 以同样的方法，将右手的绳子穿过拇指和示指中间，再将○绳子和●绳子按→方向套在拇指和示指上。

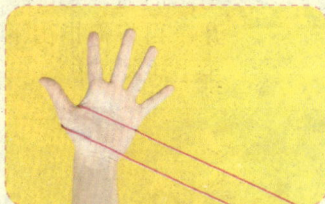

7 套完后的样子，右手不要松开。

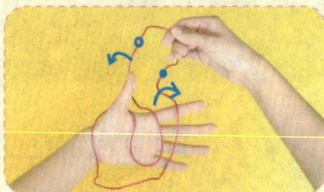

8 将绳子往下来。

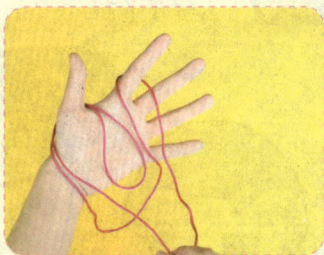

9 哈哈！绳子又回到了拇指上啦！

完成